世界上最美最美的图书馆

世 界 上 最 美

# 最 美 的 图 书 馆

〔法〕纪尧姆·德·洛比耶（Guillaume de Laubier）摄

〔法〕雅克·博塞（Jacques Bosser）著

〔美〕詹姆斯·H. 比林顿（James H. Billington）作序

任疆 译

北京大学出版社
PEKING UNIVERSITY PRESS

著作权合同登记号 图字：01-2017-4799
图书在版编目(CIP)数据

世界上最美最美的图书馆/（法）纪尧姆·德·洛比耶（Guillaume de Laubier）摄；（法）雅克·博塞（Jacques Bosser）著；任疆译. — 北京：北京大学出版社，2019.4
（大美阅读·历史与文化系列）
ISBN 978-7-301-29788-9

Ⅰ.①世⋯ Ⅱ.①雅⋯ ②纪⋯ ③任⋯ Ⅲ.①图书馆–介绍–世界 Ⅳ.①G259.1

中国版本图书馆CIP数据核字(2018)第192374号

Bibliothèques du monde

© 2003 Éditions de La Martinière, une marque de La Martinière Groupe, Paris pour la première édition
© 2014 Éditions de La Martinière, une marque de La Martinière Groupe, Paris pour la présente édition

| | |
|---|---|
| 书　　　名 | 世界上最美最美的图书馆<br>SHIJIESHANG ZUIMEI ZUIMEI DE TUSHUGUAN |
| 著作责任者 | 〔法〕纪尧姆·德·洛比耶（Guillaume de Laubier）摄<br>〔法〕雅克·博塞（Jacques Bosser）著　任疆 译 |
| 策划编辑 | 周志刚　任　疆 |
| 责任编辑 | 周志刚　泮颖雯 |
| 标准书号 | ISBN 978-7-301-29788-9 |
| 出版发行 | 北京大学出版社 |
| 地　　　址 | 北京市海淀区成府路205号　100871 |
| 网　　　址 | http://www.pup.cn　　新浪微博：@北京大学出版社 |
| 微信公众号 | 科学与艺术之声（微信号：sartspku） |
| 电子信箱 | zyl@pup.pku.edu.cn |
| 电　　　话 | 邮购部 010-62752015　发行部 010-62750672　编辑部 010-62753056 |
| 印　刷　者 | 天津图文方嘉印刷有限公司 |
| 经　销　者 | 新华书店 |
| | 787毫米×1092毫米　12开本　21.5印张　355千字<br>2019年4月第1版　2021年11月第3次印刷 |
| 定　　　价 | 158.00元 |

未经许可，不得以任何方式复制或抄袭本书之部分或全部内容。
**版权所有，侵权必究**
举报电话：010-62752024　电子信箱：fd@pup.pku.edu.cn
图书如有印装质量问题，请与出版部联系，电话：010-62756370

# 目 录

| | |
|---|---|
| 序　言 | 7 |
| 译　序 | 9 |
| 导　言 | 10 |

| | | |
|---|---|---|
| 奥地利　维也纳 | 奥地利国家图书馆 | 14 |
| 奥地利　阿德蒙特 | 阿德蒙特本笃修道院图书馆 | 24 |
| 德国　乌尔姆 | 维布林根修道院图书馆 | 34 |
| 德国　梅腾 | 梅腾本笃会修道院图书馆 | 44 |
| 德国　魏玛 | 安娜·阿玛利亚公爵夫人图书馆 | 54 |
| 意大利　罗马 | 梵蒂冈图书馆 | 62 |
| 意大利　佛罗伦萨 | 里卡迪图书馆 | 76 |
| 法国　巴黎 | 马扎林图书馆 | 84 |
| 法国　巴黎 | 研究所图书馆 | 92 |
| 法国　巴黎 | 参议院图书馆 | 100 |
| 法国　尚蒂伊 | 德·奥马勒公爵的德斯·里拉图书馆 | 112 |
| 瑞士　圣加尔 | 圣加尔修道院图书馆 | 124 |

| | |
|---|---|
| 英国　牛津　博德利图书馆 | 138 |
| 英国　剑桥　三一学院雷恩图书馆 | 148 |
| 英国　曼彻斯特　约翰·瑞兰德图书馆 | 158 |
| 爱尔兰　都柏林　三一学院图书馆 | 170 |
| 捷克共和国　布拉格　捷克国家图书馆 | 178 |
| 西班牙　圣洛伦索·德尔·埃斯科里亚尔　　埃斯科里亚尔皇家修道院图书馆 | 190 |
| 葡萄牙　马夫拉　马夫拉皇家图书馆 | 200 |
| 美国　波士顿　波士顿图书馆 | 208 |
| 美国　华盛顿特区　国会图书馆 | 218 |
| 美国　纽约　纽约公共图书馆 | 228 |
| 俄罗斯　圣彼得堡　俄罗斯国家图书馆 | 238 |
| 参考书目 | 248 |
| 致　谢 | 249 |
| 译名对照表 | 250 |

# 序 言

在我位于国会图书馆托马斯·杰斐逊大楼的办公室里,有一幅画上面有一段拉丁文题词:*Liber dilectatio anime*(书是灵魂的欢愉)。所有的图书馆都在赞美这种欢愉,《世界上最美最美的图书馆》中所描绘的图书馆的纯粹之美更强化了这一点。本书中的图书馆是别具一格的,因为它们将建筑与艺术结合在一起。

国会图书馆托马斯·杰斐逊大楼的建筑师们从本书里的许多图书馆中汲取了灵感。其中一位建筑师约翰·L.史密斯迈耶出生在奥地利,他对霍夫堡宫(Hofbibliothek)皇家图书馆,也即现在的奥地利国家图书馆的壮丽辉煌一定很熟悉,并把它的一些特征融入到国会图书馆的意大利文艺复兴风格的设计中。史密斯迈耶和出生于德国的国会图书馆建筑团队搭档保罗·J.佩尔兹在为这个刚刚成立一百多年的国家设计国家图书馆的建筑方案时,游历了欧洲的主要图书馆,包括文艺复兴风格的梵蒂冈图书馆。

与欧洲许多为贵族设计的图书馆不同,史密斯迈耶和佩尔兹被委托设计一座公共图书馆。史密斯迈耶认为,这座图书馆应该为人们带来"对人类心灵业已积累并仍在积累的海量知识,以及获取和使用所有这些精神财富所需的庞大机构的深刻理解"。

在设计上无论是光彩夺目还是朴素无华,所有的图书馆都对文化何以成为今天的样子提供了一种深刻的见解。《世界上最美最美的图书馆》将读者带入了由君主、修士和学者们,以及试图定义和保存一国文化的现代政府所建造的图书馆的宏伟空间。本书中所展示的图书馆是我最喜欢的,实际上也是最为重要的图书馆。在牛津大学读书时,我有幸可以使用博德利图书馆古老大厅中的收藏。作为一名研究俄罗斯历史的学者,我很享受在圣彼得堡俄罗斯国家图书馆的工作。它的收藏记载了俄罗斯跌宕起伏的历史,许多来自全世界的收藏是俄罗斯"了解西方世界的窗口"。我的第一本书是在美丽的芬兰国家图书馆完成的,那里跟圣彼得堡的俄罗斯国家图书馆一样,是宏伟建筑整体的一部分。与梵蒂冈图书馆合作的经验启发我在国会图书馆发起了一场梵蒂冈图书馆馆藏展,展示了梵蒂冈图书馆在精密科学[1]历史、东亚语言和文学,以及音乐历史方面收藏的强大实力。

我很高兴国会图书馆能与这些伟大的图书馆一起被收录本书。所有这些图书馆都以其富有美学内涵的富丽堂皇体现出对普遍知识的信仰。在国会图书馆托马斯·杰斐逊大楼的主阅读室的穹顶上,有一幅埃德温·布拉什菲尔德的壁画《文明的演化》(*The Evolution of Civilization*),现在这座大楼的众多阅览室展示了全世界的遗产。国会图书馆在文化上受惠于这些世界级伟大图

---

1 精密科学(exact sciences):指数学、物理、化学等。本书所有注释均为译者注,特此说明。

书馆，以及它们的美学和文化传统。

竣工于1897年的国会图书馆托马斯·杰斐逊大楼是20世纪之交美国自信乐观的表现。它的装饰表达了古典的过去和美国的未来之间的生动联系。这座宏伟的建筑以图书馆的主要创始人托马斯·杰斐逊命名。它连同图书馆的其他建筑一起，收藏了包含世界上大多数语言研究材料的国会图书馆藏书，反映出杰斐逊的理念："没有任何主题是国会议员不会涉及的。"

当你在翻阅《世界上最美最美的图书馆》的时候，我希望你不仅能记住这些图书馆的美丽，而且也要记住书籍和图书馆教化的力量。建造这些宏伟建筑的国家和文明兴衰更迭，但安放在书架上的知识作为人类记忆的一大部分，在未来会有我们无法预知的作用。这让我想起了另一句题词，每当走进我在国会图书馆的办公室前它总会迎接我：*Litera scripta manet*（文字永存）。

詹姆斯·H. 比林顿，美国国会图书馆馆长

# 译　序

阿根廷作家博尔赫斯在《通天塔图书馆》中说："图书馆是无限的，但又是周而复始的。假如一个永恒的旅人朝任何方向前进或穿越，他将发现，数个世纪后，同样的书卷仍以同样的无序进行着重复。我多年的孤独也能在这个伟大的希望中得到快乐。"

人类作为宇宙中唯一的高等智慧生命体（起码现在是这样）是孤独的。数百万年来，从地球到月球、太阳再到宇宙边缘，从人的举止言谈，再到思想深处，我们在与自然的物质世界和心灵的精神世界的触碰中，用尽各种办法去试图理解、解释所有的一切。所有的这些尝试、探索和思考，都演变成人类历史上的杰作，随着岁月慢慢沉淀下来。不论是最初刻在石板上的楔形文字，还是大航海时代的航海图，抑或是古老的泥金饰手写本，都记录下人类对外部世界和内心世界不断探索和追求的历史。图书馆作为保存人类文明精华的主要场所之一，见证了人类文明的发展变迁，并在人类智慧与知识的传承中周而复始，从而拥有无法取代的价值。

如书中所言，"一座伟大图书馆的历史就是一部人类文化的历史"。数千年里不断涌现的图书馆，珍藏了各个时期的杰作，其建筑和装饰也受到了所在时代的影响，展现出不同的艺术风格，成为人类最宝贵的文化财富。在古希腊和罗马，亚历山大图书馆是早期西方文明的中心，四方精英汇聚在这里求学受教。中世纪时期，图书馆得到了来自宗教团体和王公贵胄的资助，这个时期的图书馆以一种或直接或带有隐喻的视觉呈现向人们传递了哲学、历史和神学的内涵，同时还彰显了赞助人家族的荣耀。到了近代，越来越多的国家将图书馆作为启迪民众的工具，建造了面向公众开放的近代图书馆，成为一国文明程度的象征。

伟大的作品可以穿越时空，跨越种族和文明，让我们深切地感受到人类发展的脉络，让我们理解自己是如何来的，未来又将向何处去。承载这些作品的图书馆历经战乱、冲突和社会变革，在黑暗与文明的交替中屹立不倒，让我们得以触摸那些人类文化遗存的精华。希望你带着这些思考和情怀，用心感受这本书里的每一个画面、每一段文字，感受那些隐藏在历史角落里的美好瞬间，那些人类历史上最美的存在——世界上最美最美的图书馆。

在翻译这本书的过程中，为了便于读者更好地理解相关内容，我添加了近四百条注释。书中涉及了有关历史、建筑、艺术、宗教的大量专业知识，因学识有限，难免有所纰漏，不妥之处还请读者朋友们指正。（个人微信：rj8582008）

任　疆

2018年2月1日

于北京大学

# 导　言
## INTRODUCTION

一个人必须花上几个小时，甚至几天的时间，在一个与世隔绝又美轮美奂的图书馆中，去领会和爱慕它所能带给你的安逸的独处。有些人将永远游离世外、流连忘返，成为一个书痴，失去了探索真实世界的欲望。另一些人则懂得如何在图书馆中寻找知识，以及运用知识的方法。

图书馆的历史大约发轫于书写刚出现的时候，书写不仅传递着指令和思想，而且还将它们保留了下来。在公元前3000年的苏美尔[1]，人们开始将刻有楔形文字的石板放在一个特殊的地方——木架上的篮子或罐子里。在大约于公元前2000年建造的拉斯·沙姆拉图书馆里，人们甚至还发现了一个类似于我们今天的图书馆所使用的书架系统和垂直分类。在埃及，一个大约于公元前2500年建立的碑文记载了一个书吏，他在一个存放有大量莎草纸卷的"书馆"里工作。在古希腊，皮西斯特拉妥[2]在公元前560年兴建了第一座公共图书馆。古希腊的书籍都是写在莎草纸上的，在古典时期，那里有图书集市、书店、抄写员的工作坊，还有公共和私人图书馆。但是，通常认为古希腊世界最宏伟的图书馆坐落在古亚历山大城。它近乎神话般的极高声誉在被大火毁于一旦后仍然持续了许多年。这种声誉不是建立在建筑的宏伟之上，而是基于它在希腊的具有广泛影响的各领域为保持与传播知识而发挥的重要的工具性作用。托勒密·索特[3]，可能是亚历山大大帝[4]的同父异母兄弟，他统治着埃及，还有一些地中海和爱琴海的岛屿。托勒密为了将

---

1　美索不达米亚文明中最早的文明体系，也是全世界最早产生的文明之一。
2　公元前6世纪时的雅典僭主。
3　约前367—前282，亚历山大大帝队的高级指挥官和近身护卫官，后来成为埃及的统治者（前323—前282年在位），开创了托勒密王朝。
4　即亚历山大三世（前356—前323），马其顿王国（即亚历山大帝国）国王。

自己的都城变成希腊世界的中心，他设立了一个供奉缪斯女神[1]的地方——一座博物馆。在那里，诗人、哲学家、学者、数学家、学生和神职人员可以思考和交流想法，书写和创作。一个迅速发展的图书馆任由他们使用。它很快便拥有了20万份莎草纸抄本，到了公元2世纪末这一数量可能达到了70万。有许多关于这座图书馆终结的记载——也许是在公元前47年被焚毁，也许是在公元391年被狄奥多西大帝[2]摧毁，也许是在公元640年被土耳其人焚毁。2002年4月，在联合国教科文组织（UNESCO）的资助下，新的亚历山大图书馆正式落成——使这一伟大的遗产得以复兴。

亚历山大图书馆时刻都在提醒我们，所有人类的努力都像生命体一样是有机的——它们产生出来，开始生长，最后死亡。只要图书馆还有用并且还在被使用，它就会继续发展下去。一旦有一天它不再能够满足人们的需要，便失去了它存在的意义，它的那些丰富收藏最多也只能被历史学家们问津，如果那时还有人过问的话。重要的修道院图书馆就是这种情况，自11世纪开始，它们在全欧洲遍地开花。在相当长的一段时间里，它们作为存放知识的地方，每个人在这里不仅可以学习教会神父的作品（用希腊文和拉丁文写成的），而且还有希腊和拉丁世界的哲学家和阿拉伯学者的著作。这些图书馆是天主教会建立权威的有效工具。它们经历了宗教战争，并且在反宗教改革[3]中取得了胜利，但是却在19世纪初几近消亡。如果说过去的学问中心是修道院，那现在的中心则变成了大学。在中世纪晚期，罗马天主教会与有影响力的人文学者及席卷整个欧洲的科学运动的对立，还有其对启蒙运动的排斥，逐渐让哲学家、学者和学生远离了它们。17世纪初，王侯贵胄们，如马扎林[4]和奥地利皇帝查理六世[5]，向公众开放了他们的私人图书馆。大学与宗教统治集团（不论是天主教、新教，还是英国国教）之间的关系土崩瓦解，开始（以不菲的开销）建造规模宏大的图书馆，比如那些位于剑桥、都柏林、科因布拉和博洛尼亚的图书馆。最终在19世纪，国家和城市开始建造大型图书馆，其中很大一部分都是对公众开放的，并且基本上包容了所有的知识领域。今天，一个国家的智识声誉依然建立在图书馆的网络上：在多大程度上被使用，管理水平怎么样，以及是否实现了数字化。文化，从最宽泛的定义上来看，最终为每一个人所有。

这本书里所呈现的伟大的图书馆当初全都是为精英阶层所建，这也部分解释了它们宏伟壮观的建筑和精美绝伦的内部装饰。这些图书馆建于学问在少数人中蓬勃发展、普罗大众却愚昧无知的欧洲。即便是当查理六世以令他同时代人无比震惊的方式向（几乎所有）公众开放他的图书馆时，他仍然拒绝向那些"不学无术之人、仆人、游手好闲之人、喜欢吹牛的人和喜欢围观看热闹的人"开放。在剑桥的三一学院，由克里斯托弗·雷恩爵士[6]建造的图书馆为研究提供了无与伦比的场所，但必须说的是，这个学院（以及图书馆）当时只对英国上流

---

[1] 古希腊中主管艺术和科学的九位文艺女神的总称。
[2] 罗马皇帝，379年至395年在位，是最后一位统治统一罗马帝国的君主。
[3] 16世纪中叶罗马天主教会为对抗宗教改革而进行的改革运动。
[4] 即儒勒·马扎林，1602—1661，枢机主教，法国外交家、政治家，法国国王路易十四时期的宰相。
[5] 1685—1740，哈布斯堡王朝的神圣罗马帝国皇帝，1711年至1740年在位。
[6] 1632—1723，解剖学家、天文学家、几何学家、数学物理学家，也是英国历史上最受好评的建筑师之一。

## 导 言

贵族的子弟开放。因此，图书馆既是一座文化宝库，也是反映文化的一面镜子。

50年后，我们的图书馆会变成什么样？我们还会继续建造甚至更大的建筑去存放来自全世界的浩如烟海的书籍、杂志、影音、照片，还有电影吗？极有可能，计算机会完全取代图书馆——至少如我们现在所认为的那样。首先是一个国家的服务器，然后是整个欧洲的，最后是全世界的数据中心，能够接入千家万户，从而取代过去几个世纪以来学生、研究者、作家和学者齐聚一堂的那些无与伦比的阅览室。未来注定会光彩熠熠，但偶尔也会引发我们对过去的怀旧之情。

这本书为您呈现了全世界最美丽的23座图书馆。这些图书馆由那些执着于保存和传递知识的人设想、建造和装饰。修士、修道院院长、国王、专业学者、资助人等全都参与了西方世界对智识的追求，并为今天的我们做出了贡献。即使仅仅出于这些原因，我们也应当感谢他们，并向他们致敬。

下面这则轶事出自尼古拉斯·巴斯贝恩[1]，他创作了两部以抒发对书的热爱为主题的杰作——《文雅的疯狂》（*A Gentle Madness*）和《耐心和坚毅》（*Patience and Fortitude*），总结了许多世纪以来图书馆带给我们的魅力，这将在后面的章节予以呈现。1995年，巴斯贝恩正在查找一个出现在1914年萨缪尔·佩皮图书馆目录上的三卷本作品。他碰巧去了波士顿公共图书馆，并且在地下室的一个书架上发现了那些被遗忘的书。这些卷本从来没有被打开过；书页也没有剪开。借书条上的记录显示它们从未被借阅过。巴斯贝恩大声地问："已经有85年了。你们当初是为谁买的这些书？"那个图书馆馆长说："我们是为您买的，巴斯贝恩先生。"

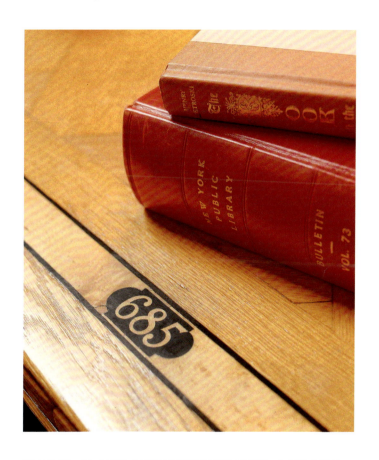

第10页图：德·奥马勒公爵在尚蒂伊阅览室的扶手椅，奥马勒公爵是19世纪最伟大的藏书家之一。

第11页图：一份由年轻的路易十四[2]签署的文件，藏于圣彼得堡俄罗斯国家图书馆。

本页图：纽约公共图书馆宏伟的罗斯阅览室中第685号座椅。

---

[1] 1943— ，美国作家，创作了大量关于图书和图书文化的内容。

[2] 1638—1715，自号"太阳王"，波旁王朝的法国国王和纳瓦拉国王，1643年至1715年在位，是世界历史上在位时间最长的君主之一。

# 奥地利
维也纳

# 奥地利国家图书馆
NATIONAL LIBRARY OF AUSTRIA

每一座图书馆都有自己的历史，每一段历史都给书迷们带来了新的感受。维也纳的恢宏无比的图书馆，也即原来的霍夫堡宫，是令人惊叹的。铺装朴素的约瑟夫广场被一群高楼三面环绕——作为巨大的霍夫堡皇宫建筑群的一部分，这些高楼包括了奥斯定会[1]修道院的教堂，它通过一个极小的入口通向广场，还有气势雄伟、规模宏大却不怎么吸引人的国家图书馆。建筑立面呈现出一种古典的、没有装饰的轮廓，均匀涂抹的石灰水使檐口变得柔和起来。建筑前廊山墙面上是一个大到有些恐怖的双轮战车，由劳伦佐·马特立[2]雕刻，描绘了雅典娜（智慧女神）战胜了无知和嫉妒。参观者从门厅进入一个巨大的大厅，这个大厅起初是给马术学校预留的。从那里，一部宽阔的楼梯通往普罗克萨大厅，上面装饰有从帝国南部省份带回的古代碑文。也许位于巴黎黎塞留大街的法国国家图书馆的拉布鲁斯特大厅更大，大英博物馆的圆形大厅也更令人惊叹，但普罗克萨凭借其巴洛克教堂般的宏伟壮丽依然是欧洲所有图书馆大厅中最令人印象深刻的。

长期以来，哈布斯堡家族收藏了高品质的手写本和图书。阿尔伯特三世[3]是一名藏书家，拥有上乘的泥金装饰手写本。弗雷德里克三世[4]在他所有的书上都留下了神秘的AEIOU标记，这被理解为象征着"奥地利的命运是统治世界"（*Austria est imperare orbi universo*），见证了这个家族的野心和尚未实现的预言。他的儿子马克西米连一世[5]遗传了他对书的爱，并且马克西米连一世还继承了他的教父、枢机主教巴萨里翁的收藏。巴萨里翁是当时最著名的藏书家之一。此外，马克西米连一世的妻子勃艮第的玛丽[6]——勇士查理[7]的女儿，带来了勃艮第和佛兰德斯的杰出作品。但直到1575年布洛修斯[8]被任命为第一任帝国图书馆馆长，图书馆才在某种程度上组织起来。布洛修斯曾谈到他如何认识到这项任务的艰巨："我的上帝，这个图书馆是什么状况！所有的一切凌乱不堪，脏兮兮的，而且被虫子破坏得极为严重，所有的房间都布满了蜘蛛网！"许多年之后，他重新恢复了宠大馆藏的秩序，并通过收购和继承来继续丰富馆藏，而对那些只借不还、不替别人着想的读者给予了严厉的批评。但是该如何处理来自皇帝鲁道夫二世[9]的诉求呢？他可是在五年之后才归还了当初所借的一本书。又该如何向他解释皇家图书馆的收藏并不能作为馈赠的礼物呢？一个世纪后，两位开明的皇帝，利奥波德一世[10]——一位艺术和科学迷，还有1711年至1740年在位的查理六世都极为重视这座图书馆的命运，它属于即将成为世界最强大国家之一的哈布斯堡王朝。

---

1 天主教托钵修会之一，成员为遵从圣奥古斯丁所倡守则的天主教的隐修士。
2 1678—1748，巴洛克晚期意大利雕塑家。
3 1348—1396，1365年起成为奥地利大公直至去世。
4 1440—1493，神圣罗马帝国皇帝，1452至1493年在位，也是哈布斯堡家族的第一位皇帝。
5 1459—1519，神圣罗马帝国皇帝，奥地利大公，哈布斯堡王朝鼎盛时期的奠基者。马克西米连通过自己的以及子女的婚姻，使他的孙子查理五世成功地取得了西班牙的王位；查理五世1520年继承神圣罗马帝国帝位后成为欧洲的盟主，更令哈布斯堡王朝成为一个日不落帝国。
6 1457—1482，1477年起成为勃艮第公国瓦卢瓦王朝女爵。
7 1433—1477，1467年起成为勃艮第公国瓦卢瓦王朝公爵。
8 1533—1608，荷兰学者、图书馆员，1575年被马克西米连二世任命为第一任首席馆员。
9 1552—1612，哈布斯堡王朝的神圣罗马帝国皇帝，1576年至1612年在位。他是一个碌碌无为的统治者，却又是文艺复兴艺术的爱好者。
10 1640—1705，哈布斯堡王朝的神圣罗马帝国皇帝，1658年至1705年在位。

## 奥地利国家图书馆

利奥波德的工程计划,其中包括将图书馆放在马术厅的上面,却在第二次土耳其进犯、兵临维也纳城下,等待战争过去而搁置。后来这个计划落在查理六世身上。既然奥地利终于摆脱了土耳其人的威胁,因此他委任首席皇家建筑师约翰·伯纳德·费舍尔·冯·埃拉赫[1]设计一个足以配得上奥地利的新欧洲地位的方案。这项工程刚开始建筑师就去世了,由他的儿子约翰·伊曼纽尔接管。

作为世界上这一地区首座重要的公共图书馆,霍夫堡宫皇家图书馆绝对是奥地利巴洛克建筑的杰作。它的大厅有255英尺(约77.7米)长、47英尺(约14.3米)宽、64英尺(约19.5米)高,这几乎是大教堂的尺度。在大厅中央,其"主殿"延伸出一个高9英尺(2.74米)的椭圆形空间,上面是一个96英尺(约29.3米)长、59英尺(约18米)宽的穹顶。在两边的入口处,一对厚重的大理石柱看上去像是支撑着穹顶,并从视觉上将其分成"两翼",即所谓的"和平翼"(Peace Wing)和"战争翼"(War Wing)。这座赢得整个欧洲青睐的宏伟建筑不久便出现了稳固方面的严重问题,维也纳美景宫[2]的建筑师尼克洛·帕卡西[3]应召来解决。近20万册书籍被摆放在有两层楼高的书架上(有时书架上会内外摆放两排的书),二楼之上有四部相互独立的楼梯通往一个宽敞的展厅,每部楼梯上同样摆满了书架和书。主厅有带滑轮的梯子以方便取阅上层书架上的书;此外,展厅里大约40个直梯也是为了取书方便而设,不过它们实用的外观与准宗教的氛围显得有些格格不入。

尽管按照当时的惯例,建筑、壁画、雕塑和各种配饰是由不同艺术家设计的,所有的装饰和建筑融合在一起,形成一种伟大而高贵的和谐。图书馆的湿壁画由丹尼尔·格兰[4]于1730年所绘,这位画家因擅长于绘制修道院的宏大装饰画而闻名。他的设计以皇家顾问康拉德·阿道夫·冯·阿尔布雷特[5]最精准定义的一系列专题画作为创作素材。穹顶之下正中央的作品描绘了一个挤满人的天空——实际上云集的是各种寓言里的人物和为了取悦皇帝的描绘——皇帝关心的是把自己作为艺术守护者的形象永远留存下去。其中有被书籍和战利品围绕的《统治的艺术》(Art of Governance)和《福祉的艺术》(Art of Warfare);奥地利人的宽宏大量(Magnanimity)被慷慨大方(Munificence)和光辉品味(Taste for Splendor)相伴左右;战神和火神围绕着皇帝的刚毅(Fortitude of the Emperor);感恩之心(Gratitude)与学习精灵(Genie of Studies)为伴;修建图书馆的执行法令(Execution Order),还有一个虚构的抱着法令模型的古灵精怪的精灵,它驱逐着博学之敌——闲散、无知和不公正指责,并将它们丢入深渊。

皇帝本人的形象得到了特别的处理,被描绘在普罗克萨大厅中央、穹顶正下方的赫拉克勒斯[6]中。他的雕像被宗教领袖、哈布斯堡家族成员,还有奥地利的政客们

---

[1] 1656—1723,奥地利建筑师、雕塑家和建筑历史学家,其巴洛克建筑深刻影响并塑造了哈布斯堡王朝的审美品位。
[2] 曾是哈布斯堡王朝欧根亲王的宫殿,是一组巴洛克风格建筑群,分为上、下美景宫,橘园和马厩,如今是奥地利国家美术博物馆所在地。
[3] 1716—1790,意大利裔奥地利建筑师。
[4] 1694—1757,奥地利画家,其作品装饰了他所在城市的许多公共建筑。
[5] 1681—1751,学者、诗人、外交官、钱币学家、古董收藏家,1734年到1737年担任帝国驻葡萄牙大使。
[6] 希腊神话中最伟大的半神英雄,男性的杰出典范。赫拉克勒斯相当于罗马神话里的赫丘利,后来的罗马皇帝常常以其自居。

簇拥着。在穹顶之下那通向展厅的楼梯前，是查理六世的十六位先祖的白色大理石像。最高统治者对图书馆应该建成什么样有一种强烈的愿景，并且曾这样描述他所希望的样子："使用者不必支付任何费用，离开的时候应该受益匪浅，并且能够经常回来。"他并不相信在书上胡写乱画的读者，并且即使他向所有人开放他的图书馆，也拒绝接纳"不学无术之人、仆人、游手好闲之人、喜欢吹牛的人和喜欢看热闹的人"。维也纳图书馆是欧洲最早的大型公共图书馆之一。

现如今，人们不再在普罗克萨大厅里读书，参观也不再免费。这座查理六世的大厅成为一座仅供对稀有图书感兴趣的研究者使用的图书馆。在它的 20 万种珍藏中，包括了欧根亲王[1]的收藏。这位马扎林的侄孙大名鼎鼎，一心好战，因此被路易十四派去为哈布斯堡家族服务。同时，他也是一个伟大的藏书家。得益于由著名图书馆馆长皮埃尔－让·马里耶特[2]牵头的欧洲代理商关系网，欧根亲王的个人图书馆拥有 18000 册书。皇帝在 18 世纪购买了这些藏书，并将其放在穹顶之下的显要位置。在战乱中被破坏的封面和书脊被重新用摩洛哥皮革装帧，颜色代表了其内容分类。深红色代表历史和文学，深蓝色代表神学和法律，而黄色则代表了科学和自然。最为珍稀的作品中有制图师琼·布劳[3]的 11 卷地图集《坡廷格尔古地图》(*The Peutinger Table*)，这是公元 4 世纪的某种罗马帝国道路图，还有昂儒公爵华美的泥金装饰手写本《意乱情迷之书》(*Le Livre du Coeur d'Amour Épris*)。

1918 年，霍夫堡皇家图书馆更名为奥地利国家图书馆，从此之后成为一个庞大的机构。它所拥有的 650 万种藏书，包括 7866 种古籍和 65821 份手写本，正一点点蚕食着霍夫堡宫。图书馆目前占据了新宫[4]里最大的一部分——奥斯定会修道院，向外延伸到阿尔贝蒂娜[5]，并且囊括了围绕米迦勒广场的、呈弧形排列的建筑群。1992 年，新地下工程正式落成，用来存放额外的 400 万册藏书。查理六世、玛丽娅·特蕾西娅[6]和弗朗茨·约瑟夫一世[7]恐怕从未想过他们引以为傲的标记"AEIOU"会预示着文字的胜利（在恶作剧者那里），同样他们也不会想到他们的宫殿会被改造成一座图书馆。

---

[1] 1663—1736，哈布斯堡王朝的伟大将领之一，神圣罗马帝国陆军元帅。
[2] 1694—1774，藏书家、知名鉴定家，法国、意大利、佛兰德艺术家生平编年史家。
[3] 1596—1673，荷兰地图制作师。
[4] 始建于七年战争结束后的 1763 年弗雷德里希二世治下，完工于 1769 年，被视为最后一座伟大的普鲁士巴洛克建筑。
[5] 即阿尔贝蒂娜博物馆，世界上最著名的博物馆之一，位于霍夫堡宫西南角。
[6] 1717—1780，查理六世之女，哈布斯堡帝国史上唯一的女性统治者，被公认为 18 世纪欧洲最英明的君主和军事天才。
[7] 1830—1916，奥地利皇帝兼匈牙利国王（1848 年—1867 年在位），奥匈帝国缔造者和第一位皇帝（1867 至 1916 年在位）。在长达 68 年的统治中，他获得了大多数国民的敬爱，因此在晚年被尊称为（奥匈）帝国的"国父"。

右页图：丹尼尔·格兰（1694—1757）创作的非凡的天花板以寓言的方式讲述了图书馆的建设历史，富有诗意又令人眼花缭乱。正中央是荣耀之神，手持象征她不朽的金字塔；在她下面，赫尔克里士和阿波罗侍奉着绘有查理六世的圆形浮雕。

本页图:纪念哈布斯堡家族十六位先祖的大理石像环绕大厅。这尊是一个不明身份的君主,其背后是利奥波德·威廉大公[1]。

右页图:如今的普罗克萨不再是阅览室,而是一个如同博物馆一样供参观的地方。原来为读者预留的空间现在被用来展示17和18世纪制图的杰作。

---

1　1614—1662,奥地利军事统帅,神圣罗马帝国皇帝斐迪南三世的弟弟,西班牙属尼德兰总督,艺术资助人。

书籍被放在有两层楼高的书架上。借助一组摇摇晃晃的折梯和细长的斜梯,可以到达顶层的书架。隐蔽的暗门将通往上一层的楼梯隐藏了起来。

# 奥地利

## 阿德蒙特

# 阿德蒙特本笃修道院图书馆
THE BENEDICTINE ABBEY LIBRARY OF ADMONT

**离**萨尔斯堡[1]不远的阿德蒙特是奥地利施泰尔马克州一个典型小镇，坐落在一个奇形怪状的山脚下。康斯坦丁·豪尔被一座建于1074年的久负盛誉的本笃会[2]修道院吸引，于1779年造访了其图书馆。他醉心于大厅的"艺术、品味和壮丽"，也被图书馆创办人、修道院院长马特乌斯·奥夫纳（1716—1779）深深吸引，他写道："在最初的惊叹之后，局外人仍然止不住去想，这人到底是读了多少书才能变得如此爱书。"

"爱书"绝不只是奥夫纳院长的怪癖。事实上，读书被写入了《努西亚的圣本笃会规》（Rules of Saint Benedict of Nursie）中，所有的修士为了他们的信仰和健康，必须阅读圣言经典，并且加入自己的评论。对本笃会修士来说，"一个没有图书馆的修道院就跟一个没有武器的堡垒一样"。因此，自1074年创立以来，阿德蒙特就拥有许多书，它们是从萨尔斯堡带回来的；并且设立了一个缮写室，所有的作品在这里被抄写、加插图和做注释。一些博学的修道院院长的注释和评论很快便将这座图书馆的名声传遍奥地利。其中有一位叫恩格尔贝特的修道院院长，他本着普遍主义（universalism）的精神扩充了图书馆的馆藏，这在13世纪是一个相当超前的举措。这使得原本只有少量11世纪卷本的收藏变得丰富起来。第一份详细的书目起草于1370年，前言是写给图书馆馆长的建议，这份书目是图书馆学的第一个理论成果。一个长达114英尺9英寸（约35米）的巨型大厅建成于17世纪。书籍被放置在封闭的书架上，这些书架一直沿用至今，被用来存放最有价值的手写本。由于大量的赠予，修道院得以极大地扩张，但最重要的还是归功于对森林中木材的开采，修道院建立之初便拥有了这一大片森林。到了18世纪，它已成为奥地利最有影响的宗教机构之一，这使修道院院长奥夫纳有能力启动一项重大的近代化项目。该项目的重中之重是建造一座图书馆，使其在将来落成之后成为"世界第八大奇迹"。

约瑟夫·赫伯（1715—1787），一个来自格拉茨[3]的大理石抛光匠，后来成为一名建筑建造师，他绘制了一个小尺度的巴洛克晚期大厅设计图，这多少有点让人想起奥地利的皇家图书馆。事实上，他曾与皇家图书馆的建筑师约翰·伯纳德·费舍尔·冯·埃拉赫一起共事。大厅长230英尺（约70米），延伸到一个高41英尺8英寸（约12.7米）的穹顶下的中央地带，从那里可通往两座平行的长方形大厅，每一个大厅都拥有三个高37英尺（约11.3米）的穹顶。一个有铸铁栏杆和黄金装饰的廊台贯穿整个空间，使摆放书架的面积增大了一倍，从而实现了存放95,000册书的宏伟目标。充足的自然光透过30个大凸窗均匀地照亮了底层和上层。高高的白色书架和黄金雕塑安放在每扇窗户之间。余下的不被遮挡的表面，特别是天花板和窗口都画满了湿壁画。地面由7,500块棕色、淡紫色和米黄色的钻石形大理石地砖拼接而成，营造出一种引人入胜的复杂的视觉效果。

然而，技术上的描述却无法传递出一种精神——一种盛大奢华的"理想艺术"[4]，或者说是一种普遍性艺术，

---

1 奥地利第四大城市，萨尔斯堡州首府，音乐神童莫扎特的出生地。萨尔斯堡老城因巴洛克建筑闻名于世，是阿尔卑斯山北麓保存最好的市中心之一。
2 天主教的一个隐修会，529年由意大利人圣本笃在卡西诺山所创。视游手好闲为罪恶，要求修士每日按时进经堂诵经，咏唱"大日课"，余暇时从事各种劳动。
3 奥地利东南部城市。
4 一种使用或力求使用全部或多种艺术形式的艺术。

# 阿德蒙特本笃修道院图书馆

其中每一个元素都扮演着不同的角色；正是基于这种精神，图书馆作为赞美上帝的杰作才被构想出来。奥地利艺术史学家威廉·穆雷查克曾这样评论巴洛克装饰："在寓言的原则下，没有任何东西是孤立存在的；彼此之间的联系随处可见，一切形式的描绘都具有重要的象征意义，自然和造物仅仅是圣者的一个形象。"因此，阿德蒙特将建筑、雕塑、绘画、木作、书籍，甚至地板都连为一体。

乍一看，你便会被巴托洛米欧·阿尔托蒙德[1]创作的湿壁画中喷涌而出的色彩所吸引，他是最后几位伟大的巴洛克湿壁画画家之一。湿壁画中所有的隐喻都是为了歌颂知识。第一个大厅描绘的是欧罗拉[2]正在唤醒信仰、哲学、历史和法学，而第二个大厅则描绘了神学、药学、艺术、实用艺术和摄政政体。在一个用来尊崇天启和智慧的中央空间下，两个大厅交汇在一起。

三层都分布有雕塑。在最上面一层，十二个比真人还大的雕塑被安放在每个房间的四个角上。第一个房间表现的是摩西和十诫、先知伊莱、拿着钥匙的圣彼得，还有佩剑的圣保罗。中间的房间描述了四种美德——神圣智慧、永恒真理、科学和审慎。第三个房间则摆放着四个传教士的雕像。

在中央穹顶之下，由约瑟夫·斯坦莫尔于1760年雕刻的四组青铜和木质的雕塑壮观地展现了每个人命运中的"最后四件事"（Vier Letzten Dinge）：死亡、最后的审判、地狱和天堂。巴洛克作品值得一个雕塑家在罗马付出时间，这些作品通过展示其痛苦的力量召唤着访客。

死亡通过这样一种方式呈现出来：一个年长的朝圣者正努力抓住一个正要用匕首刺向自己心脏的带翅膀的骷髅。朝圣者脸上浮现出对此刻即将被剥夺的生命的深深质疑。我们远离了在其他巴洛克修道院——比如梅腾[3]本笃会修道院——所能看到的迷人、欢乐、带有启发的寓言。访客，通常是一个本笃会修士，会发现在他面前是以一种戏剧化的方式表现出来的人类命运。只有宗教——《启示录》（摩西、伊莱、彼得和保罗）和《福音书》的四位福音传道者的教诲，以及将四种美德付诸实践——才能够有最圆满的结局，即升入天堂。绝大部分的书都是用白色皮革装订的，与书柜和湿壁画融为一体，并且按照主题进行分类：医药、哲学、世俗历史、杂集、人文著作、公民法律、政治、教堂神父、解经[4]、宗教正典、艺术著作、布道、教堂历史和神学。

在很大程度上，这种细致的分类一直沿用至今，即便修道院在19世纪和20世纪的购买使其藏书总量达到了145,000册，其中包括1,400份手写本和900种古籍。然而不幸的是，20世纪30年代木材市场的崩溃导致修道院面临经济上的困境，一些最著名的手写本被卖了出去。1938年当纳粹吞并奥地利后，修士们被赶了出去，图书馆的很大一部分馆藏也被分散到不同的机构，包括达豪集中营。现如今，阿德蒙特重新寻回了这些书，恢复了它昔日的风采和本笃会信条下的修道院生活。这种生活在历史学家路易斯·芒福德[5]看来，简直就是福利国家体制的先兆。

---

1　1694—1783，奥地利巴洛克画家，擅长大型壁画。
2　古罗马神话中的曙光女神。
3　德国东南部城市。
4　对基督教《圣经》原义进行解析和诠释。
5　1895—1990，美国著名城市规划理论家、历史学家。

### 世界上最美最美的图书馆

由 7,500 块菱形大理石地砖组成的地板设计，营造出一种引人入胜的光学效果。当初它或许是受到了开普勒的一篇几何学论文的启发。
68 个镀金木质半身像让图书馆的肖像序列圆满了。其中展现了哲学家、画家、诗人、八位女预言家，还有四大洲。
阿德蒙特幸运地摆脱了许多修道院所遭遇的灾难和大火。在纳粹吞并奥地利之后，修道院几乎被洗劫一空，但后来成功地重新寻回并复原了它的绝大部分收藏。

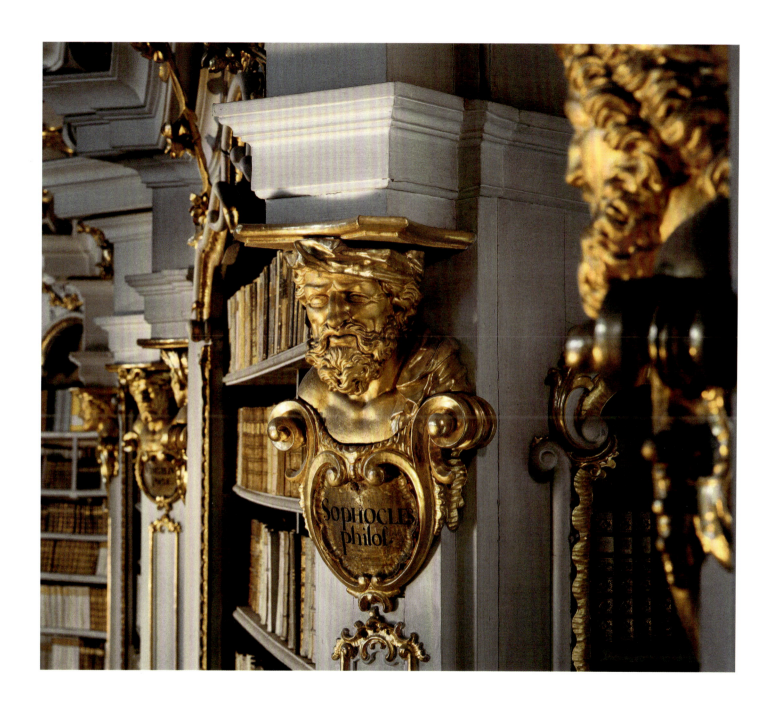

阿德蒙特是世界上最大的修道院图书馆，也是奥地利和德国巴洛克时期最富有、最奢华的图书馆之一。

# 维布林根修道院图书馆

THE MONASTIC LIBRARY AT WIBLINGEN

**维**布林根修道院那令人着迷的粉色建筑群傲然矗立在如今的乌尔姆[1]近郊,那里曾经是伊勒河[2]和多瑙河交汇处的风景怡人的乡村。建筑群的规模体现了特定时期斯瓦比亚[3]最有影响力之一的本笃会修道院的影响。修道院于1093年由基希贝格伯爵创立,并在13世纪迎来了第一个高峰,当时它的缮写室在日耳曼世界声名远扬。但此后就陷入了长期的危机。16世纪,马克西米连一世将修道院送给了富格尔银行家族[4],以便他们可以建立一个永久的封地。后来修道院又重新繁荣起来。1701年,本笃会购回了修道院,并于1714年开始了一项持续70年之久的大型重建工程。这是一个辉煌的时代,此后不久,19世纪初的教会财产世俗化让修道院再次衰落并被解散。今天,维布林根修道院是乌尔姆大学的一部分。这里作为高等学府的结局令人相当嫉妒,引用圣保罗写给歌罗西信徒书信中的一句话就是:"这里藏着所有智慧和知识的财富。"这句话被意味深长地题写在其图书馆的入口。

1740年,卓有学识的修道院院长迈因拉德·汉博格[5]开始兴建新的建筑,并且特意修建了一座两层楼的图书馆。身为一名牧师,他的目标是拯救手下那些无疑令他有些失望的灵魂,如他所设想的那样,"在修士中唤起新的对精神和学问修行的渴望与爱"。为了达到这个目的,他调用了所有能够支配的资源,创建了严肃、带有寓意的典型模式,并将其应用在建筑和装饰当中。他是将这种全球艺术作品(global art work)用洛可可风格予以实现的发起人。洛可可风格有趣又极尽奢华,非常适合接待大厅——事实上这也是它的功能之一。这个地方描绘了思想的力量,迎接着它的客人和读者,并且邀请他们一起歌颂知识,这些知识介于人类习得与上天启示之间。

不仅是21世纪的访客,就连那些虔诚的天主教徒也都忍不住惊叹于那些奢侈的黄金和大理石,还有那些围绕着四座宏伟雕塑的小雕塑和湿壁画。那四个雕塑代表了修士的美德,其中之一表达的是对世间财富的摈弃。如何理解这种无法完全用反宗教改革的胜利来解释的恣意的奢华装饰?如何不把这足以用作《玫瑰骑士》[6]舞台的地方与同时期罗马或法国巴洛克的不加装饰的壮美相比?答案很大程度上在于历史和经济。1750年,维布林根代表了神圣罗马帝国枢机主教们物质力量的顶峰,在那个热衷象征主义的年代,维布林根想要炫耀它的权力。日耳曼这个极度分裂的国度总算经历了一段和平繁荣时期,在这里修士们要跟国王、亲王和公爵们一争高下。但是很快,1803年拉梯本法令(Ratisbonne Ordinance)的实施使神职人员失去了大部分财产,大主教、主教和修道院院长失去了他们在帝国的职位。与此同时,德意志不但忍受着来来往往的法国军队对修道院的洗劫和焚毁,而且也开始接受法国大革命的一些思想。随着教皇权力的衰落,宗教群体几乎得不到支持。在同时期的奥地利和瑞士,以及不久之后的西班牙和葡萄牙,以往天不怕地不怕、人员招募永无止尽的修道院解散了,它们的财产也被没收,并再一次散佚。毫无疑问,像维布林根这样的图书馆的财富,以其特有的方式引起了人们对宗教机构积聚财富的关注,这些宗教机构在特定场合下

---

[1] 德国南部城市。
[2] 位于德国巴伐利亚州,发源于阿尔卑斯山脉,最终在乌尔姆汇入多瑙河。
[3] 中世纪德国西南部的公爵领地。
[4] 15世纪到16世纪德意志著名的工商业和银行业家族,查理五世为了被选帝侯选举为神圣罗马帝国皇帝,曾向该家族借了巨额贷款。
[5] 1700—1762,1730年至1762年间担任维布林根修道院院长。

[6] *Knight of the Rose*,由德国作曲家、指挥家理查德·施特劳斯(1864—1949)创作的三幕喜歌剧。

然而，当修道院院长汉博格召来建筑师克里斯蒂安·维德曼的时候，这些威胁并不存在，甚至是根本无法想象的。图书馆的平面采用了一种极简的设计——仅仅是一个长74.5英尺（约23米）、宽36英尺（约11米）的长方形。整个空间被分为两层，第二层是一个宽敞的大厅，由32根涂着彩色灰泥的柱子作为支撑，可以通过隐藏在书橱后面的两个楼梯上去。大厅的宏伟将目光引向天花板上扁平细长的穹顶。在装饰天花板的壁画里，无数的建筑元素以透视的方式营造出一种升向天国的感觉。知识指向天国，因而也指向神圣。这里的每一个元素都传递出这样一种哲学和神学的隐喻。

天花板上是画家弗朗茨·马丁·库恩（1719—1771）在1744年创作的署名作品。这个年轻的艺术家师从威尼斯的皮亚泽塔[1]和提埃坡罗[2]，并很可能受到了他们彩色色调的影响。巨幅的湿壁画占据了拱顶的中心位置，采用的错视画（Trompe l'oeil）手法让上面的栏杆似乎指向了大厅之上的又一层，给人一种还有更高空间的印像。在正中央，象征神圣智慧和知识的女性在上帝的羔羊（Lamb of God）陪伴下在天空中受到尊崇。与之截然不同的是，在拱顶的四周则描绘了一系列被建筑构件分隔的迥然不同的画面，每一个都对应着下面书架上图书的分类。因此，你可以看到亚历山大在跟第欧根尼[3]、阿波罗和九个女神对话，正在被奥古斯都[4]驱逐的奥维德[5]，教皇格里高利一世[6] 596年向大不列颠派遣传教士，以及西班牙国王命令本笃会于1493年奔赴美洲。带着使命的修士们被画在更远的地方，正在棕榈树下向那些异教徒布道福音。

在一层的柱子之间展示着八尊木制雕像，它们是多米尼库斯·赫梅内吉尔德·赫伯格[7]的作品，矗立在色彩反差极大的大理石柱础上。为了将它们从其他五彩斑斓的夸张"装饰"中凸显出来，艺术家想了一个办法：给予它们"陶瓷"的外观，这种极其赏心悦目的效果创造出一种精致明亮的白色大理石印象，上面以各种细节润色并装饰有以纯金相嵌的花环。其中的四尊雕像是法学、自然科学、数学和历史等世间学问的化身。另外四尊则象征了修士的美德：服从、对世俗的克制、信仰和祈祷。这些极其高雅的雕像，承袭了长期以来风靡德国南部的风格主义[8]雕塑的伟大传统。

当这座图书馆于1757年落成时，大约拥有15,000部作品，这要比同时期的一些大学图书馆还要多。随着1803年教会财产世俗化，大部分收藏被转移到斯图加特[9]，如今仅有百余部古代作品摆放在有些空荡荡的书架上，无法给人一种昔日里的真实印象——那可是曾经在近八个世纪里斯瓦比亚最负盛名的本笃会图书馆之一。但即便如此，它那无与伦比、活力四射和极尽夸张的戏剧风格，依然让这座图书馆成为巴洛克晚期的一部巅峰之作。今天的维布林根，就像它在18世纪时那样，用奢华挑战着每一双眼睛和每一个心灵。

---

1 1682—1754，擅长于宗教主题的意大利洛可可画家。
2 1696—1770，意大利威尼斯画家和版画家，被誉为18世纪欧洲最伟大的画家和最有才能的工匠。
3 希腊哲学家，犬儒学派的代表人物，活跃于公元前4世纪。
4 前63—14，原名盖乌斯·屋大维·图里努斯，罗马帝国的开国皇帝。
5 前43—17年或18年，奥古斯都时代的古罗马诗人，与贺拉斯、维吉尔并列为古罗马时期的三大诗人。
6 约540—604，于590年至604年出任教皇。
7 1694—1760，洛可可雕塑家。
8 出现于16世纪的一种艺术风格，反对理性的指导作用，强调艺术家内心体验与个人表现，注重艺术创作的形式感。
9 德国西部城市。

由多米尼库斯·赫梅内吉尔德·赫伯格创作的十个非常壮观的木质雕像是装饰的一部分。这里展示的是数学。

历史的脚靠在一个可以吐出金币的聚宝盆上。岁月，或时间，则在历史的脚下。

本页图：自然科学的象征。

右页图：柱廊飞檐下的教皇格里高利一世。天花板上描绘的是伊甸园中的亚当和夏娃。所有的湿壁画都是 25 岁的弗朗茨·马丁·库恩在维布林根停留期间的作品。

第 42—43 页图：维布林根图书馆；巴洛克概念中"圣宴大厅"的例证。

# 梅腾本笃会修道院图书馆
BENEDICTINE ABBEY LIBRARY OF METTEN

在多瑙河上游的绿色山谷，巴伐利亚森林的边际，高耸着梅腾圣迈克本笃会修道院。它那巨大的白色建筑群在宁静的田园风光中凸显出来，但在过去却并不总是这样。766 年，神圣的加莫尔伯特·冯·迈克斯巴赫修建了这座修道院；792 年，修道院因受到查理大帝[1]的保护而获得了对一项完全世俗的活动所需的特权和豁免权——砍伐巴伐利亚的森林，并将修道院的边界向东拓展。修道院经历了一段十分混乱的历史，这对于强大的宗教实体十分典型，这些宗教实体得益于枢机主教，枢机主教将这些实体看作是可以将他们的势力扩展到封建体系之外的方式。修道院先是迅速发展，然后在 1236 年毁于大火，后又在 1246 年归入维特尔斯巴赫[2]的治下，接下来在宗教改革运动中陷入了极度衰落，直到 17 世纪初才得以恢复，并最终在三十年战争[3]结束后重建。在这一时期，修道院院长罗曼·马克尔创造了教堂的巴洛克风格装饰，并创建了一座大型接待大厅和图书馆。19 世纪初，由于职位的减少和对新的政治环境不适应，包括梅腾在内的许多修道院都世俗化了。

然而多年之后，巴伐利亚路易维希一世国王[4]决定恢复圣·迈克修道院，并且将其变成王国中最重要的本笃会修道院。作为回报，他要求新的神职人员承担教育的责任。1837 年，修道院开办了一所神学院和一所小学，在本笃会的复兴中发挥了积极作用。一个名为博尼法斯·维默尔的修道院修士甚至被送往美国去建立美国的第一座本笃会修道院，后来这座修道院建在宾夕法尼亚州的拉特罗布市，至今尚存。

推开梅腾修道院图书馆的大门，就好像游览一个计算机影像合成的建筑漫步场景。人们获得了独特的印象：没错，它是真的，但一些极其丰富和细微的细节，却又让人觉得它是虚拟的和不真实的。罗曼·马克尔修道院院长在 1707 至 1729 年间负责对图书馆内部进行装修。图书馆大厅是在 1624 年复建的。毫无疑问，他肯定会对来自 21 世纪充满质疑的惊讶感到不快。但不可否认，一向嗜好奢华无度的巴洛克风格这一次实在是走得太远了。本笃会从不认为贫穷的誓约很重要，并且在整个欧洲，它们的修道院都以舒适甚至奢华著称。但即便如此，仍然极少有追求装饰到如此极端的地步的。

在这里，有粉饰、镀金、湿壁画、壁板、小天使、男人形象的柱子、花环、花束、寓言和铭文，所有的一切都极尽所能地表现着，却几乎忽略了书籍的存在。此外，在宗教改革运动和反宗教改革运动依然肆虐的 18 世纪，巴伐利亚天主教堂里看书的人总是一个麻烦——要知道在当时的改革者们看来，所有理应受到谴责的罪恶都是因为跟圣经走得太近。这座图书馆不仅仅是研究的工具，而且还发挥着类似魔咒的作用，这是通过教会的神学家们所认可的象征性训诫得以实现的。毕竟有必要区别"好的"理解和"不好的"理解——天主教的就是好的，而那些新教的则是不好的。但是潜意识里传达的信息却是神圣的恩惠、觉悟和信仰都在知识之上，一个人应当对书籍和无意义的讨论保持怀疑[5]。这也解释了天

---

1　742—814，欧洲中世纪早期法兰克王国的国王，768年至814年在位，神圣罗马帝国的奠基人，在世时几乎统一了整个西欧。
2　维特尔斯巴赫家族是德意志几个古老贵族世系之一，也是德国历史上一个重要的王朝，曾在1180年至1918年统治巴伐利亚。
3　1618—1648，是由神圣罗马帝国的内战演变而成的波及整个欧洲的一次大规模国际战争，是欧洲历史上最具破坏性的战争之一。
4　1786—1868，1825年登上王位，一直到1848年德意志三月革命时被迫退位。
5　天主教保守的教义认为，所有的智慧都是上帝给予的，一个人无法通过读书获取智慧。

花板上所描绘的一些画面，比如托马斯·阿奎那[1]和坎特伯雷[2]的安瑟伦[3]关于圣灵感孕的争论，天主教会直面新教神学家路德、加尔文[4]、墨兰顿和慈运理，正在遭受天使鞭打的圣哲罗姆[5]，他因喜欢看西塞罗[6]的著作而受到斥责，克吕尼[7]的奥托由于看到了维吉尔[8]的著作而离经叛道，当然还有圣本笃[9]得到上帝的启示而起草教会守则（the Rules of the Order）。这些湿壁画出自英诺森·安东尼·马拉迪那双巧夺天工的手，他在18世纪初就已发展出了自己的个人风格，这种风格受到了风格主义的极大影响，并且一点都没有圣苏比斯修会的精神信仰（"saint-sulpicien" spirit）。他描绘的是四个福音传道者向上翻着眼睛，用不可思议的姿势全神贯注地书写。马可[10]的狮子亲昵地依偎在主人的左臂旁，路加[11]的公牛温顺地向外望向观众，马太[12]正在圣马可的身后进行写作，约翰[13]则显得有些颓废，无所事事地盘着腿。再远一点，圣本笃简直是以一种准表现主义[14]的倒置视角出现了。小天使们数不胜数，浮雕扩展出奇形怪状的样子，色彩也十分柔和。弗朗茨·约瑟夫·伊格纳茨·霍尔兹因格尔[15]的灰泥粉饰有点像带着孩子气的风格主义。在房间的中央，两根支撑柱隐藏在枢机主教和神学三德[16]的翅膀之后，如此巧妙的设计让它成为装饰性的杰作。

当这些警示划过头顶，圣迈克图书馆的馆长和读者不能过于胆大妄为。尽管在中世纪时期，修道院因其高品质的缮写室和彩饰书稿的艺人而广为人知，但那一时期的画作几乎没什么保留下来；一场13世纪的大火很有可能毁掉了整座图书馆。

更糟的是，1803年的世俗化时期，图书馆的藏书散佚四方，成百上千的书卷被送到慕尼黑的皇家图书馆和兰茨胡特的大学图书馆。在1830年重建时，数百部作品失而复得，其中有一部分来自其他世俗化的修道院图书馆，但事实上绝大部分的收藏在此之后才得以恢复。1839年，一个供神学院和学校学生使用的阅读图书馆（Lesebibliothek）成立，历史图书馆的书架上又变得空空如也。通过不断购买，图书馆如今已拥有175,000种藏书，其中大部分与宗教、本笃会的历史，以及巴伐利亚的历史有关。

正如今天所看到的，梅腾图书馆代表了巴伐利亚巴洛克时代最为混乱的时期。历经可怕的三十年战争，王国内部重新获得了自信，商业活动重新组织起来，宗教机构在经受了长期的胁迫后，重新获得了一些权力和特权。没有故作耻辱、谦虚或丝毫的做作，极尽奢华的装饰是信仰和权力的证明，也是对上帝至高荣耀的胜利的宣言。

---

1 约1225—1274，欧洲中世纪经院派哲学家和神学家，是自然神学最早的提倡者之一，也是托马斯主义的创立者。
2 英国英格兰东南部城市。
3 中世纪意大利哲学家、神学家，1093年至1109年任坎特伯雷大主教，被尊称为最后一位教父与第一位经院哲学家。
4 1509—1564，法国著名的宗教改革家、神学家、基督教新教的重要派别加尔文教派（在法国称胡格诺派）创始人。
5 约340—420，四大西方教会圣师之一，古代西方教会中最伟大的学者。
6 前106—前43，罗马共和国晚期的哲学家、政治家、律师、作家和雄辩家。
7 法国东部城镇，曾经是中世纪的宗教圣地，由克吕尼修道院于10、11世纪发起和领导的天主教改革运动，曾广泛影响了欧洲的宗教、政治和艺术生活。
8 前70—前19，奥古斯都时代的古罗马诗人，也是古罗马最伟大的诗人之一，代表作有《牧歌集》《农事集》和《埃涅阿斯纪》。
9 480—547，意大利罗马公教教士、圣徒，本笃会的鼻祖，被誉为西方修道院制度的创立者，于1220年被追封为圣徒。
10 四个福音传道者之一，威尼斯人的守护神，《马可福音》的作者。
11 四个福音传道者之一，《路加福音》与《宗徒大事录》的作者。
12 四个福音传道者之一，《马太福音》的作者。
13 四个福音传道者之一，《约翰福音》的作者。
14 表现主义是现代重要艺术流派之一，20世纪初流行于德国、法国、奥地利、北欧和俄罗斯，该流派的作品着重表现内心的情感，而忽视对描写对象的形象摹写。
15 1691—1775，巴洛克时期的泥瓦匠和雕塑家。
16 即信、望、爱。

本页图：在每一扇窗户的窗口，都有由弗朗茨·约瑟夫·伊格纳茨·霍尔兹因格尔创作的粉饰浮雕。它们用来纪念伟大的本笃会，其风格至少以现代的眼光看来有些古怪而幼稚。

右页图：书架细部的雕刻和镀金木饰。

本页图：柱子细部。天花板的起拱点装饰有四个丘比特浮雕。

左页图：中央立柱被男人的立像"托起"，他们的腿、胳膊和身体将整个结构包裹起来。

本页图：由雅各布·绍普夫[1]制作的装饰华丽的家具与极富表现力的灰泥雕刻和湿壁画相得益彰。

右页图：湿壁画画师英诺森·安东尼·马拉迪的风格受到了晚期风格主义的启发，并加入了出人意料的创造，这一点可以从其对七宗罪[2]的描绘中看出来。

---

1　1665—1715，巴洛克时期的艺术木匠和雕刻家。
2　天主教教义中的重大恶行，包括傲慢、嫉妒、愤怒、懒惰、贪婪、淫欲和暴食。

德国

魏玛

## 安娜·阿玛利亚公爵夫人图书馆
THE HERZOGIN ANNA AMALIA LIBRARY

布伦瑞克—沃尔芬比特尔公主安娜·阿玛利亚[1]是普鲁士弗雷德里克二世[2]的侄女,1756年在她17岁的时候嫁给了年轻而赢弱的萨克森—魏玛—艾森纳赫公爵恩斯特·奥古斯特二世[3]。他们结合的初衷是尽快挽救这个濒临绝嗣的贫困公国,该公国最大的财富来源是向普鲁士王国贩卖士兵。两年后,当七年战争的战火开始肆虐之时,公爵去世了。用安娜·阿玛利亚的话说:"18岁才是我人生最辉煌阶段的起点。我已是两个孩子的母亲,同时也成了一个寡妇、监护人,还有摄政王。"幸好她既聪慧又精力充沛,她任命了一位能干的首席大臣,在数年之内成功恢复了公共财政。安娜·阿玛利亚对她的父母和叔叔的赫赫有名的王宫十分怀念,她的伟大设想是将位于德意志稍边远地区的魏玛打造成智识中心。她开始了这项工作,并在1775年传位给儿子卡尔[4]之后,更是一心投入其中。她热爱戏剧、音乐、文学,并且极为慷慨地邀请享有自由主义精神的画家、音乐家和诗人齐聚她的"圆桌"(*Tafelrunde*)。她对魏玛进行了现代化改造,关闭了剩余的牛棚,安装了公共照明系统,并在1761年决定将16世纪的"绿色小城堡"(*Grüne Schlößchen*)改造成一座图书馆,用来存放1766年搬到宫邸里的作品。

公爵的图书馆早已存在,当然,它虽然始于16世纪的魏玛,但直到1691年才正式落成揭幕。图书馆馆藏已有很好的基础,但对文学拥有独到品味的公爵夫人深知其不足。项目采用了最初的设计,很快便付诸实施了。建筑的中心被打开,创造了一个可供阅览和保存图书的巨大中央空间,上面是一个摆满书架的相当大的廊台。在大厅和城堡外墙之间,宽阔的走廊环绕着大厅,走廊两边都摆放有书架。图书馆的洛可可晚期风格装饰严肃、简单、迷人,而且实用。深色板条的镶木地板看上去就像是铺着地毯一样。这里到处都是绘画、装裱的画作和造访此处的名人的白色大理石半身像,在整个欧洲早已声名远扬。迥异于那些多如牛毛的巴洛克修道院,这里是专门为爱书人创设的地方。

其中有一位最为著名的人,他在魏玛获得了极大的乐趣,陪伴着年轻的公爵还有他的母亲——公爵夫人。他便是久负盛誉的歌德[5]。歌德1775年来到这里,一直生活到1832年去世。1775年,18岁的卡尔·奥古斯特邀请歌德访问魏玛。年轻的作家凭借他的书信体小说《少年维特的烦恼》获得了惊人的声誉。两个年轻人从此开始了愉快的生活,甚至有时会触犯约束德国地方邦国的严格的礼仪规定。他们形影不离,在享受二人时光的同时也致力于邦国的现代化。公爵任命作家为他的私人顾问;1782年,皇帝约瑟夫二世[6]授予歌德一官衔。这使歌

---

[1] 1739—1807,1758年至1775年摄政萨克森—魏玛和萨克森—艾森纳赫公国,并将自己的宫廷和周边变成了德国最具影响力的文化中心。

[2] 又名"伟大的弗雷德里克"(Friedrich der Grosse),1712—1786。作为一名杰出的军事活动家,他通过一系列针对奥地利和其他国家的外交策略和战争极大地扩张了普鲁士的领土,使普鲁士成为欧洲最重要的军事力量。他是一位开明的君主,喜欢法语和艺术,在柏林附近建造了一座法国洛可可宫殿。

[3] 1737—1758年在世。

[4] 即卡尔·奥古斯特,1757—1828。安娜·阿玛利亚的长子,德意志邦国萨克森-魏玛-艾森纳赫的统治者,1758年至1815年为公爵,1815年至1828年为大公。

[5] 1749—1832,德国著名的思想家、小说家、戏剧家、诗人、自然科学家、博物学家、画家,是德国和欧洲最重要的作家之一。

[6] 1741—1790,哈布斯堡-洛林王朝的奥地利大公,1765年加冕为神圣罗马帝国皇帝,1780年也成了匈牙利国王和波西米亚国王。

德——公爵夫人同样也很喜爱的人，能够与公爵同席而坐。如果没有皇帝的授衔，这在当时是被邦国的礼仪明令禁止的。在那时，魏玛成了德国的智识中心，特别是在戏剧方面，这座城市非常有幸能够拥有最杰出的浪漫主义代表人物。随着时间的流逝，狂飙突进运动[1]的倡导者逐渐老去，德国浪漫主义取而代之。歌德变得家喻户晓。他重启了一座银矿，对经济、公共财政、林业和采矿十分关心，还对骨骼解剖（他发现了颚间骨）和光学拥有强烈兴趣。与此同时，随着他的渐变韵律的成熟，他创作了上千行的《伊菲琴尼亚》（Iphigenia）[2]和《艾格蒙特的诗作》（Egmont），创作了《威廉·迈斯特的学习时代》这一伟大小说，并且持续进行其《浮士德》的创作。他还被任命为魏玛绿色城堡图书馆馆长，直到去世。他用科学的方法整顿了图书馆，并将收藏从50,000册增加到132,000册，使它成为德国最大的图书馆之一。这时正值宗教教会世俗化，地方修道院全部的手写本和古籍例行都被送往魏玛。歌德自始至终都是一个非常积极的图书馆馆长。他对那些延迟还书的人施行了严格的处罚条例，至今他手写的通告仍有部分存世。

1807年公爵夫人去世后，歌德依然十分活跃，直到他1832年去世。正是因为有像公爵夫人这样的"教母"和歌德这样的"教父"，图书馆享有极高的盛誉。公爵家族在整个19世纪推行了野心勃勃的购买计划，购得了莫扎特、海顿、格鲁克（Gluck）的乐谱，以及其他收藏有席勒、阿希姆和贝蒂娜·冯·阿尼姆、李斯特和尼采作品的图书馆的馆藏。浮士德和莎士比亚的收藏也建立了起来。该图书馆对浮士德和莎士比亚的收藏在德国位列第一，若放在意大利则位列第三。意大利是孕育伟大灵感的沃土。德国向往着意大利，那里是"开满柠檬树花"的国度，歌德形容意大利是他一生生活最幸福的地方。歌德去世后，他留给魏玛图书馆5,424册个人收藏，所有这些现在依然保存在他生前最后的家里。这里已成为研究德国古典主义最主要的机构，甚至在1969年被冠以"德国古典主义中央图书馆"（Zentralbibliothek der deutschen Klassik）的称号。

今天，安娜·阿玛利亚公爵夫人图书馆是文学和文化历史研究的中心。它拥有90万件馆藏，其中包括500卷古籍、2,000件中世纪手写本、10,000张/个地图和地球仪、4,000份乐谱、13,000卷浮士德主题的收藏，以及10,000卷莎士比亚主题的收藏。在第二次世界大战期间，由于缺乏维护，图书馆遭到严重破坏，建筑危险到几乎无法参观访问。在20世纪六七十年代，德国共产党将图书变卖换回美元，图书开始慢慢流失。长久以来，这座"小城堡"持续经历着阵痛，成千上万册的收藏散佚在城市的各个角落，使研究变得多少有些复杂。但留下的安娜·阿玛利亚公爵夫人图书馆依然是一个伟大家族与天才联合的非凡见证，是拿破仑战争逐渐被淡忘，邦国经济、文化有了长足发展的时代德国公爵宫廷智识生活的非凡见证。

---

1　18世纪后半叶的德国文学史运动。
2　伊菲琴尼亚是希腊联军司令官阿迦门农的长女。关于她的传说，大多来源于古希腊剧作家欧里庇得斯的悲剧。

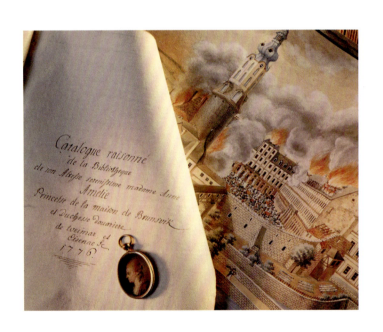

上图：最早的系统的图书馆目录之一，在图书馆搬到魏玛"绿色小城堡"之后几年就建立起来了，由法文写成。

右图：自1766年起，公爵图书馆就坐落在公爵以前的住所。为了设置阅览室和安放两层书架，公爵夫人付出了很大的代价进行改造。

本页图：布局简单而实用。遵循创始人的理念，这是一座实用型图书馆，它的声望更多地来自于它丰富的收藏，而不是它的装饰。

左页图：没有被书占据的少量空间被用来陈列名画和贝多芬等名人的半身像。这些主要来自十八九世纪那些被整座收购的图书馆，或者来自捐赠。

# 意大利

## 罗马

## 梵蒂冈图书馆
THE VATICAN LIBRARY

这件由美洛佐·达·弗利[1]创作的湿壁画出现在所有有关意大利文艺复兴绘画的著作中。虽然它现在被挂在梵蒂冈的阿波斯托利亚美术馆，当初却是为了教皇西克斯图斯[2]的图书馆落成而作。在这张画里，簇拥着教皇的是他的几个侄子、一名修士，还有一个跪着的贵族。这位贵族拥有一头灰发，正指向解释这个场景的装饰版。他不是别人，正是普拉蒂纳——人类学家、传记作家、藏书家和所有伟大的西方图书馆中最神秘的图书馆馆长。这件作品，以其迷人的视角、建筑的精确、对面部表情的处理，作为象征教皇爱好读书的重要标志而名垂史册。在某种程度上，这件作品也催生了令人赞叹的梵蒂冈阿波斯托利亚图书馆。

尽管如此，长期以来教皇并不太重视书籍。最早关于图书馆的记载出现在公元7世纪的圣彼得大教堂，但它因缺乏维护而无法使用。在位教皇的收藏和教会假想的"中央"图书馆从来就没有被分开过。阿维尼翁教皇克莱蒙特六世[3]是一个真正博学的人，他拥有超过2,400册的藏书；然而，当他1367年回到罗马时，没人下大力气去把他的图书馆搬过去。尼古拉斯五世[4]是一个博学而狂热的藏书家，出乎他的意料，他在1447年3月被选为教皇，他最初的个人项目之一便是重新组织梵蒂冈的图书收藏。在那时，这里仅有340份古代手写本，毫无疑问它们都来自于更早的图书馆收藏，并且其中只有两份用希腊文写成。尼古拉斯五世的目标是让意大利重新成为欧洲伟大的智识中心之一，并且他寄希望于规划中的图书馆能够将人文主义者和学者吸引到罗马。那个时代印刷术尚未出现，手写本仍然是传播知识的最重要方式。当时人们又回过头来研究古代作品，特别是研究古希腊作品，而这些都只能从文物上获得。穿越欧洲去抄写（假定抄写已被允许）那些哲学家和教会神父的作品都成了理所当然之事。尼古拉斯五世派遣使臣前往德意志、丹麦，确切地说还有希腊，去购买他们所能找到的所有手写本。成百上千册的手写本来到罗马，其中还附带着一本讲烹饪的书：阿必修斯的《美食之书》(*De re culinaria*)。尼古拉斯五世自知无法买回所有的手写本，便雇佣了翻译和誊写员直接去教堂和修道院工作。在他去世的时候，梵蒂冈的收藏已经超过了1,200册。据说当他的继任者卡利克斯特三世[5]来到图书馆时曾大声惊呼："教会的财富就是这样被挥霍的！"又过了三年，庇护二世[6]即位，他来自锡耶纳的皮克罗米尼家族，他在那里拥有一座位于主教堂之中的大型图书馆，时至今日仍然可以参观。最终，教皇西克斯图斯在西斯廷礼拜堂旁边为图书馆选定了一块地方。图书馆被分成了四个大厅，陈设有用链子拴着作品的小桌子，却很少对学者、宗教人士和旅行家免费开放。图书馆的第一任馆长巴托洛梅奥·萨基[7]，以普拉蒂纳的名字而为人所知，他是一个杰出的组织者，进一步将图书馆的收藏增加到3,500册。梵

---

1　1438—1494，15世纪意大利翁布利亚派著名画家。
2　1414—1484，1471年至1484年在位，出资建造了西斯廷礼拜堂。
3　1291—1352，1342年至1352年间担任教皇。
4　1397—1455，文艺复兴时期的第一位教皇，1447年至1455年在位。
5　1378—1458，历史上第一位西班牙籍教皇，1455年至1458年在位。
6　1405—1464，意大利籍教皇，1458年至1464年在位。受人文主义教育影响，他也是一位诗人、历史学家，他在任内先后创办了三座大学。
7　1421—1481，意大利文艺复兴时期的人文主义作家和美食家。

# 梵蒂冈图书馆

蒂冈的声誉在教皇利奥十世[1]——乔瓦尼·德·美第奇的治下达到顶峰。利奥十世于1513年当选为教皇，作为一个人文主义者和希腊文学爱好者，新教皇进一步扩大了图书馆，建立了希腊学院，在这里人们可以通过原本的语言对大量天主教的希腊文神圣语篇和经典评注进行研究。然而1527年，罗马惨遭查理五世[2]的帝国军团蹂躏，大量手写本从此消失，或是被偷、被拆散，抑或是被毁、被烧掉。这个悲剧标志着梵蒂冈文艺复兴的结束，也标志着这座用于研究和进一步探求知识的人文主义图书馆的结束。

之后便是梵蒂冈的反宗教改革运动。罗马教会几乎屈服于一个德国修士[3]的神学争论，他希望利用发明的印刷术来推广圣经的阅读。本质上来说，任何一个信众都有权翻阅已有的文本。罗马的回应之一是试图对书籍的传播进行控制。《禁书目录》（Index Librorum Prohibitorum）由教皇保罗四世[4]于1559年制定，直到1966年才被废除。这种严厉的责难使情况更加恶化，获取古代手写本上的知识以及新诠释的原始出处变得更为困难。有关蒙田[5]1580年来到罗马的记述就是这个贯穿整个16世纪的运动的例证。他在边境被扣押，大部分的书籍也被没收，其中便有他的《散文集》（Essays），这部著作在一个世纪后出现在《禁书目录》里。有些书被查封仅仅是因为译者是异教徒。与此截然相反，梵蒂冈却以极大的热情欢迎了蒙田，并且他可以自由地查阅塞内卡[6]的手稿、普鲁塔克[7]的《道德小品》（Moralia）、一部维吉尔的著作，还有《使徒行传》（Acts of the Apostles），这部"用非常美丽的金色希腊字母写成的作品，栩栩如生就像是今天刚刚完成的一样"。但之后不久，梵蒂冈再次闭关锁国，使得查阅它的收藏变得愈发困难。但这并没有阻止罗马教皇继续进行大量的收藏。比如1623年，巴伐利亚州选帝侯马克西米连将（夺取自海德堡的）巴拉汀图书馆赠予罗马。1657年，著名的乌尔比诺公爵图书馆归属梵蒂冈；1690年瑞典克莉丝汀女王[8]的丰富收藏也被收购，她曾在罗马生活了相当长的时间。18世纪迎来了更进一步的收购，巴贝里尼家族[9]久负盛名的收藏便被教皇利奥十三世[10]购买。只有教会的枢机主教和得到充分认可的读者和研究者才可以翻阅这些收藏，而且研究者们还被密切监视。由于缺少一份可靠的目录，所以经常引发巨大的抱怨，而且翻阅闭架馆藏往往是被禁止的；因此对于想看的手稿，读者事先必须知道它的索引号。参观时间变得越来越短，以致于到了19世纪中叶只在上午9点到12点之间开放。1852年，一位名叫保

---

1　1475—1521，1513年至1521年在位，是洛伦佐·德·美第奇的第二个儿子，佛罗伦萨共和国的统治者。著名哲学家大卫·休谟认为利奥十世是"有史以来最杰出的教皇之一"，称赞他"仁慈、行善、慷慨、友善，是各类艺术的赞助者，各种美德的模范"。

2　神圣罗马帝国皇帝，在西班牙被称为卡洛斯一世，同时拥有西西里、那不勒斯等多个王冠。在欧洲人心目中他是哈布斯堡王朝争霸时代的主角，通过战争和联姻不断开疆扩土，开启了西班牙"日不落帝国"时代。查理五世将法国和奥斯曼帝国视为神圣罗马帝国在欧洲仅有的对手，为争夺意大利和勃艮第领地，他与法国国王弗朗索瓦一世进行了多次战争。

3　即马丁·路德。

4　1476—1559，于1555年至1559年在位。

5　1533—1592，法国文艺复兴时期最重要的哲学家之一。

6　约前4—65，古罗马时代著名的斯多亚学派哲学家、政治家、剧作家。

7　约46—120，罗马帝国时代的希腊作家、哲学家、历史学家，以《对比列传》一书闻名于世。

8　1626—1689，1632年至1654年在位。她被认为是17世纪最博学多闻的女性，喜爱书籍、手稿、绘画和雕塑，对宗教、哲学、数学和炼金术拥有强烈的兴趣，吸引了一大批致力于将斯德哥尔摩打造为"北方雅典"的科学家。

9　17世纪在罗马声望急速上升的贵族家族，1633年建成了著名的巴贝里尼宫。

10　1810—1903，1878年至1903年在位。

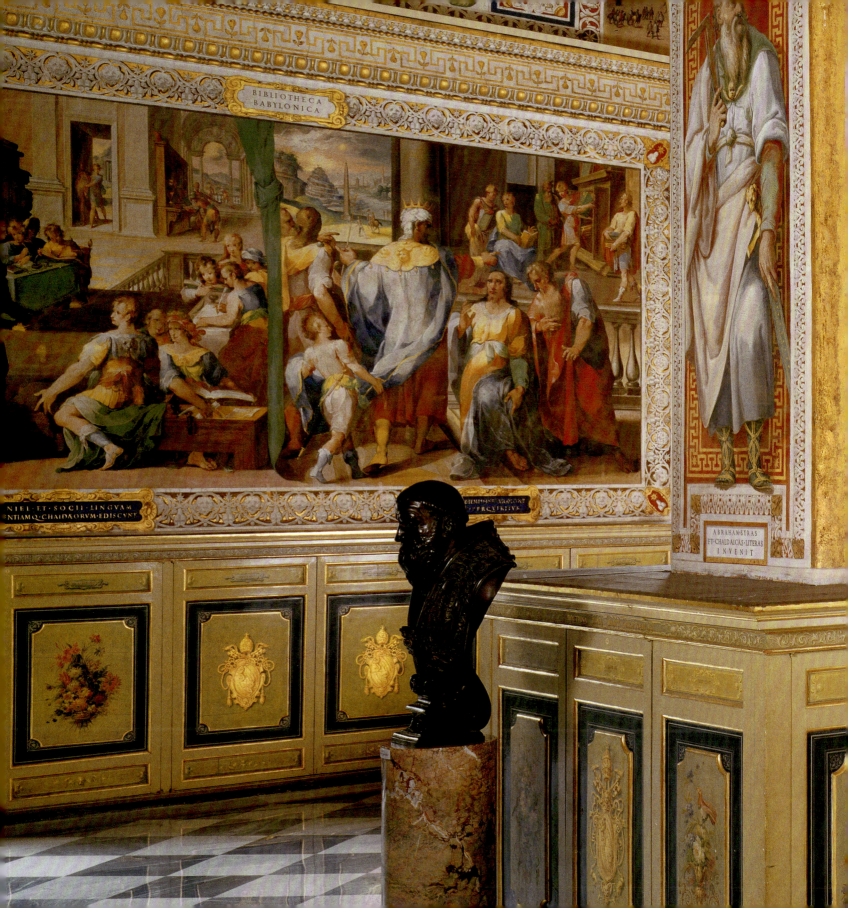

尔·海泽[1]的研究行吟诗人诗歌的年轻德国诗人，因为擅自抄录一些诗篇而被赶了出来。你可以看，但不可以抄。这是一个直接来自中世纪的思想，抄书是一项很少被赋予的权利，因而没有得到授权的抄书是一种很严厉的违法行为。圣科伦巴[2]戏剧化的命运就是一个很好的例子：他在6世纪时因为未经授权抄录了一本他喜爱的书而被逐出了爱尔兰。

对于欧洲的知识分子，梵蒂冈图书馆慢慢变成一个人尽皆知的地方。在那里，著作被雪藏起来，因为它们可能对宗教造成危害。18和19世纪的思想对神学演化的不断谴责和拒绝被认为是对信仰的摒弃和质疑，教皇对这些思想的完全蔑视助长了人们对宗教的怀疑。在一次梵蒂冈之行后，当时的法国驻罗马大使、狂热的天主教徒夏多布里昂在他的《意大利游记》(*Voyages en Italie*) 中写道："……尖顶的铁门是通向科学的大门。无与伦比的知识宝库是那些暗藏的书。如果一个人可以研究这些书，他就可以彻底改写现代历史。"司汤达[3]在《罗马漫步》(*Promenades dans Rome*) 中则更加直率地说："难以置信的是，宗教领袖会寄希望于一座图书馆去消灭所有的书籍。与此同时，必须看到的是，这些书籍是如何吸引着那些感兴趣的外国人，特别是法国人。"更进一步地，他继续道："事实上在被逐出教会之前，那些塞满手稿的房间都是不能进入的。"在图书馆的四个大厅中，其中有一个存放有教皇的档案和确定无疑的手稿，自西克斯图斯四世起被称为秘密卷宗(Secret Archives)，这便是知识被隐藏起来的证据。另一个抱怨是，梵蒂冈图书馆是罕见的看不到书的重要图书馆之一，因为从过去到现在，这里的书都被锁在书柜里。到了21世纪，梵蒂冈图书馆(Biblioteca Apostolica)大部分都明确开放，但并不是所有人都能进去。

正如美洛佐·达·弗利的壁画所揭示的那样，在西斯笃四世统治前，梵蒂冈图书馆坐落在一个并不匹配的环境中。当时它一共有四个大厅，里面装饰着三位巨匠画师的壁画：美洛佐(Melozzo)、罗马诺[4]和吉兰达约[5]。如

---

1　1830—1914，德国小说家、诗人、剧作家，1910年诺贝尔文学奖获得者。
2　521—597，著名的爱尔兰盖尔族天主教修士与修道院院长，被认为是爱尔兰十二使徒之一。
3　1783—1842，19世纪法国批判现实主义作家。
4　即朱利奥·罗马诺，1499—1546，意大利画家、建筑师，风格主义发展的关键人物，拉斐尔的门徒。
5　即多米尼哥·吉兰达约，1449—1494，意大利文艺复兴时期的画家，曾与家族成员共同组建了一个大型画室，众多学徒中包括了著名的米开朗琪罗。

---

第66—68页图：教皇西克斯图斯五世（约1585—1590在位）的大阅览室是由建筑师多梅尼克·丰塔纳（1543—1607）所建。其奢华的装饰与更为实用的大厅的朴实无华显得格格不入，这些大厅可以追溯到教皇西克斯图斯四世时期。
右页图：梵蒂冈图书馆是罕见的把书"藏起来"的重要图书馆之一。现如今古老的藏品仍被锁在书柜里，并且直到1613年，可以翻阅的作品都被用链子拴在书桌上。

## 梵蒂冈图书馆

今，除了一幅绘有普拉蒂纳的壁画尚存外，其余所有壁画都已不复存在。自西克斯图斯四世后又过了一个世纪，西斯都五世[1]拥有了一座由建筑师多梅尼克·丰塔纳[2]建造的壮丽辉煌的大厅，也即今日我们所熟知的。它装饰有切萨雷·内比亚[3]和乔瓦尼·圭拉[4]的壁画，近来刚刚被修复。幸运的是，其中一位传统画像和忏悔继叙经作者安吉洛·罗卡[5]在1591年出版了一部描述性摘要。大厅的一边绘有为基督教信仰辩护的宗教会议（君士坦丁堡、以弗所、尼西亚等等）场景，另一边则是古代遗迹（巴比伦、雅典、亚历山大、凯撒利亚等等）中的伟大图书馆。八根中央立柱供奉着古代伟大的哲学家如毕达哥拉斯[6]和帕拉米蒂斯[7]，教会神父如圣哲罗姆和圣西里尔[8]，以及奥林匹斯的诸神，第三根甚至供奉的是伊希斯[9]。然而，第一根柱子却是供奉亚当的，第二根供奉的是摩西和亚伯拉罕[10]，第八根供奉的是耶稣。柱子的风格是纪念碑式的，装饰繁多，每一个场景都细节丰富、引人注目。这是罗马人的信仰，至高的荣耀，以及对权力、历史和胜利的无比自信。

如今，梵蒂冈图书馆是一个现代化的图书馆，高效地管理着无与伦比的160万种藏书，其中包括8,300种古籍，150,000份手写本和档案，还有超过100,000种版画和凹雕，以及300,000枚硬币和工艺品。这里面向注册的研究者和教师们开放，它拥有数字化的目录，尽管所有的收藏，特别是手写本很可能至少现在都还没有被彻底研究。这里已不再是如一位《旧约》译者阿德勒（Adler）1783年所形容的"书的墓地"，但或许依然会是永久存放这些财富的地方。

---

1　1520—1590，于1585年至1590年在位。
2　1543—1607，欧洲文艺复兴时期的工程师，常年在意大利活动，在罗马参加设计与建造了多座风靡一时的建筑。
3　1536—1614，意大利风格主义画家。
4　1544—1618，意大利画家。
5　1545—1620，意大利人文主义者、图书管理员和主教，也是罗马安杰莉卡图书馆创始人。
6　约前580—约前495，古希腊数学家、哲学家。
7　特洛伊战争中希腊人的谋士。
8　376—444，罗马帝国统治下的亚历山大主教，第一次以弗所公会会议的关键人物。
9　古埃及的母性和生育之神，九柱神之一，对她的崇拜从最初的古埃及传遍了整个希腊和罗马世界。
10　宗教先知。是上帝从众生中选中并给予祝福的人，同时也是包括希伯来人和阿拉伯人在内的闪米特人的共同祖先。

阅览室里装饰有切萨雷·内比亚（1536—1614）和乔瓦尼·圭拉（1544—1618）的湿壁画，描绘了古迹中主要的罗马纪念碑、地方议会，还有足以与梵蒂冈图书馆相媲美的著名图书馆。

梵蒂冈图书馆的财富是不可估量的。其中包括了维吉尔的《梵蒂冈法典》(Codex Vaticanus of Virgil)、《梵蒂冈法典 B》(Vatican Code B，4世纪的希腊文圣经)、《康斯坦丁·曼内斯编年史》(Chronicles of Constantin Mannes，14世纪)、《约伯记》(Book of Job，君士坦丁堡缮写室12世纪版本)，以及由马丁·路德手抄的《伊索寓言》。

# 意大利

## 佛罗伦萨

# 里卡迪图书馆
RICCARDIANA LIBRARY

# 世界上最美最美的图书馆

里卡迪图书馆的历史是伟大的佛罗伦萨诸家族命运的完美写照,他们的权力影响了欧洲历史,但他们的衰落却并未对图书馆造成影响。

里卡迪家族起源于或自称起源于一个德国的雇佣兵领袖,或者也可能只不过是一个在1367年获得佛罗伦萨公民身份的裁缝。他的儿子很快积累了一笔财富,并且他的孙子于1659年创办了一家银行。在他们最辉煌的时候,家族购买了美第奇别墅。作为米开罗佐[1]的杰作,这座宫殿一开始便成为佛罗伦萨宫殿的实物原型(prototype),后来又成为理念原型(archetype)。离大教堂和圣罗伦佐广场不远,它朴素的立面与当时佛罗伦萨最宽广、最美丽的街道之一的拉尔加大街毗邻。它宽敞的屋檐悬于宽大的檐板之上保护着立面,而立面则结合了三种石头粘连的方式:粗琢型、浮雕型和平滑型。它们并不仅仅是建筑的细节,而是带有象征意义的。第一层带有防卫性的粗琢方式从视觉上彰显了家族的权力;主要楼层(第二层)的高雅呈设是家族财富的绝佳证明;第三层则为整个建筑增添了轻盈和高度,因而有一种更加高贵的感觉。虽然如此,这座巨大而奢华的宫殿对里卡迪家族而言仍然太小了。法罗皮欧侯爵夫人和弗朗西斯科·里卡迪花了不少于十年的时间去重新翻修这座巨大的建筑,它在家族领袖搬到拉西诺拉和稍晚的皮蒂宫之后的一个世纪里一直是家族中未成年人的住所。

里卡迪家族成员都是真正的藏书家,自16世纪50年代起,里卡多·里卡迪便开始收藏文学、诗歌和宗教作品,但真正创办了图书馆的人是弗朗西斯科侯爵。他兴建并装修了图书馆,而且扩大了图书馆的馆藏。他与卡珊德拉·卡波尼的联姻帮了大忙。卡珊德拉是著名的博学之士文森罗·卡波尼的女儿,而文森罗则是伽利略的朋友。在1688年弗朗西斯科去世时,文森罗拥有5,000册印本书和249份手写本,其中一部分已遗赠给了他的女儿。对里卡迪家族而言,图书馆不仅仅是声望的象征,这跟同时代同样拥有许多其他收藏的家族是一样的。里卡迪家族用心维护着图书馆,并在1737年将其对外开放——对那些被推荐的研究者和学者开放。

这里处处都能看到他们的用心。里卡迪家族购买了宫殿周围的建筑,并将它们夷为平地,以便为他们的收藏建造新的侧厅。他们请来了知名室内设计师和雕塑师乔瓦尼·巴蒂斯塔·福格尼[2],还有当时以工作效率高而著称的最知名画家之一的卢卡·乔达诺[3]来进行内部装修。17世纪末以后,图书馆一直没有什么变化。主厅略显狭窄,但天花板却很高,上面装饰有湿壁画。沿着主厅两边长长的墙壁摆放着由弗朗西斯科·里卡迪亲自挑选的一套上面有雕刻的镀金书架。上面一层邻接了一个小廊台。所有的书籍,都用黄褐色或米白色的皮革重新装订后被金属格栅保护起来。陈设很沉闷,多少有点压抑,目光不由自主地就会被上方明亮、乐观和振奋人心的天空吸引,天空的形象基于参议员亚历山大·塞尼设计的图像表现法由乔达诺创作完成。一个象征人类精神的年轻人身穿盔甲站在暴风雨中——暗示了在通往知识的道

---

[1] 1396—1472,文艺复兴时期意大利建筑师,先后参与设计、建造了一系列建筑,在当时的意大利乃至欧洲享有盛誉。
[2] 1652—1725,活跃在佛罗伦萨的意大利雕塑家,主要以制作小青铜雕像而闻名。
[3] 1634—1705,意大利巴洛克晚期画家和版画家。

# 里卡迪图书馆

路上遇到的艰难险阻。年轻人四周被哲学、神学和数学环绕着，他抬头仰望着智慧——一个手拿地球仪和权杖的年轻女子。两个丘比特抬着彼得拉克[1]的题词："他们将我们的智慧从人间带入天国。"湿壁画覆盖了整个天花板，在起拱点布满了铭文和灰泥装饰。较远的一边呈现的是里卡迪·卡波尼的部分盾徽，较近的一边则是由福格尼所做的文森罗·卡波尼的半身像。

弗朗西斯科·里卡迪的后代们不断地将图书馆发展壮大，在18世纪末的欧洲，图书馆的声誉达到了顶峰。但是那时里卡迪家族的权力已成为回忆。他们的银行事业早已荒废，家族的财富投资在利润不是很丰厚的土地上面。毋庸置疑，奢华的生活、众多的别墅，还有艺术收藏，再加上托斯卡纳不稳定的政治局势都加速了其衰落。1813年，佛罗伦萨公社买下了图书馆，阻止了它被拍卖的命运，并将其改造成对公众开放的图书馆。两年之后，图书馆被赠予意大利政府。美第奇—里卡迪宫殿如今是佛罗伦萨行政区、行省顾问委员会和省长的驻地。如今，你只能参观富丽堂皇的米开罗佐庭院，还有那里的巴乔·班迪内利[2]的杰作《俄耳甫斯》（Orpheus）——从底座升起的大理石雕像，其本身就代表了装饰历史的一个发展阶段。在有些日子里，从入口就可以看见由米开罗佐设计的中世纪风格的内部花园。

里卡迪图书馆的目录内容是15至18世纪高雅文化的证明，而当代的收购则致力于继续丰富这些收藏。在这些珍品中，包括了15世纪带有全景插图的维吉尔的《牧歌集》（Bucolics）、《农事诗》（Georgics）和《埃涅阿斯纪》（Aeneid）的精美合集；属于某一位第一代美第奇先祖的《数学专著》（Trattato di Matematica）；老普林尼[3]的《博物志》（Historia Naturalis）[4]（10世纪到11世纪版本）；布列塔尼[5]神话《特里斯塔诺》（Tristano）的古托斯卡纳译本；可追溯到13世纪的装饰华美到令人惊叹的圣诗集；还有12世纪的大开本《圣经亚特兰提克》（Biblia Atlantica）。图书馆还拥有许多文艺复兴时期伟大思想家的手稿，比如皮科·德拉·米兰多拉[6]、马尔西利奥·费奇诺[7]、彼特拉克、薄伽丘[8]和建筑师莱昂·巴蒂斯塔·阿尔伯蒂[9]。

如果不去参观里卡迪图书馆，你就无法真正地研究文艺复兴、佛罗伦萨或意大利语的诞生，在那里你可以找到不同年龄的研究人员和艺术史学生。它是一个为家族的欢愉而创建的图书馆，如今却已成为欧洲文化不可或缺的重要组成部分。

---

1　1304—1374，意大利文艺复兴的杰出代表，早期人文主义者之一。他对西塞罗书信的重新发现开启了14世纪的文艺复兴，被誉为"人文主义之父"，以十四行诗闻名于当时的整个欧洲。

2　1493—1560，文艺复兴时期意大利雕塑家、画家。

3　即盖乌斯·普林尼·塞孔杜斯，23—79，古罗马作家、博物学者、军人、政治家。

4　西方古代百科全书的代表作，全书共37卷，引用了古希腊327位作者和古罗马146位作者的两千余部著作。

5　法国西北部地区。

6　1463—1494，意大利文艺复兴时期哲学家，其著作《论人的尊严》被称为"文艺复兴时代的宣言"。

7　1433—1499，文艺复兴时期佛罗伦萨的新柏拉图主义捍卫者，曾将柏拉图和其他古希腊作家的著作翻译成拉丁语，为文艺复兴时期的人文主义学术确立了卓越的标准。

8　1313—1375，意大利文艺复兴的杰出代表，人文主义作家、诗人，其代表作《十日谈》是欧洲文学史上第一部现实主义作品。

9　1404—1472，文艺复兴时期意大利建筑师、建筑理论家、作家、诗人、哲学家、密码学家，其著作《论建筑》是当时第一部完整的建筑理论著作，从人文主义者的角度讨论了建筑的可能性。

本页图：由乔瓦尼·巴蒂斯塔·福格尼所塑的文森罗·卡波尼的半身像。文森罗·卡波尼是一位著名的知识分子和旅行家，他收藏了五千多册书，并将其赠予了他的女儿——弗朗西斯科·里卡迪的妻子卡珊德拉·卡波尼。这份遗产使里卡迪图书馆成为托斯卡纳最重要的图书馆之一。

右页图：阅览室的乔达诺天花板。出生于那不勒斯的卢卡·乔达诺（1632—1705）是17世纪末最受意大利和西班牙贵族和神职人员尊敬的画家之一。

本页图：展览大厅是图书馆的附属建筑，于1786年重新装修。天花板是由纳斯尼兄弟——朱塞佩[1]和托马索所绘的十字路口的大力神赫尔克里士，在快乐与美德之间面临抉择。

左页图：里卡迪图书馆中的书架是由弗朗西斯科·里卡迪亲自挑选的，他一直在密切关注这座美第奇宫殿新侧厅的建造和装饰，因为这是为他的图书馆专门兴建的。

---

1　1657—1736，巴洛克时期意大利画家，活跃于罗马和托斯卡纳。

# 法国

## 巴黎

## 马扎林图书馆
MAZARINE LIBRARY

没有杰出的图书馆馆长，就没有伟大的图书馆。维也纳的布洛修斯、马夫拉的圣安娜、都柏林的安布罗斯·厄谢尔[1]、牛津的博德利[2]，以及其他众多推动图书馆发展的掌门人，让这些图书馆能够跨越几个世纪去追求普遍的知识。可以说，加百利·诺代[3]比他的雇主枢机主教马扎林更称得上是马扎林图书馆的创始人。他的著作，尤其是他《关于创建图书馆的建议》（1627年）（下文简称《建议》）在18世纪的欧洲影响深远，是现代图书馆学的奠基之作。

诺代出生在一个虽然普通但却十分重视教育的巴黎家庭。他是一个才华横溢的学生，拥有令人印象深刻的早慧，并把自己的才智用于为理性服务。他是一个真正哲学意义上的浪子。他选择了医学，而不是研究神学和从事神职工作。为了给自己的研究筹措经费，他在20岁的时候成了法国议会主席亨利·德·梅姆私人图书馆的负责人——梅姆是巴黎最富有的人之一。在这段时间里，诺代还发表了几篇短篇政治作品，以及一些论迷信的文章，在17世纪初产生了很大的影响。1626年，他前往帕多瓦医学院学习。回到巴黎后，他被介绍加入迪皮伊兄弟沙龙，那里聚集着当时最伟大的智者。之后诺代成为罗马教皇使节、枢机主教达·巴尼奥的秘书，后来再次离开巴黎前往意大利。1642年，诺代又回到巴黎，同年马扎林将自己的图书馆托付给了他。从那时起，诺代就成了"伟大的藏书家"，他穿越法国和欧洲其他国家为枢机主教遍寻书籍。他基本上是成批地购买私人收藏，甚至是整个图书馆。在德·克里夫斯酒店里堆满了书，这些书是马扎林花了很多钱买的，当时他已准备好在鲁贝夫酒店（位于今日巴黎的黎塞留街）辟出一个巨大的展厅来安放他的收藏。诺代完成了图书馆的设计：贴着墙壁摆满了书架，一个圆形的展厅则可以在未来摆放更多的书。作为文化人的枢机主教深知拥有一个伟大的图书馆可以帮助他稳固权力，或者用今天的话来说，提升他的"形象"。他慷慨地资助诺代的旅行，在1642年到1651年间，诺代购买了超过4万册的书，使马扎林图书馆成为欧洲最大的图书馆。当时，著名的牛津大学博德利图书馆仅有1.2万册藏书。尽管马扎林图书馆是一座私人图书馆，但是却对公众开放，这在当时是一个新奇的想法。诺代甚至还开了一扇面向街道的门以方便公众直接进入。但是当时投石党运动（1648—1653年由贵族和议会发动的反对马扎林的叛乱）爆发，马扎林被迫流亡，而且还被悬赏缉拿，他的财产也被没收和出售。诺代以掩护的身份在公开拍卖会上重新购买，成功地挽回了数以千计的书籍。另外他还记下了其他买家的名字（其中一位是瑞典的克莉丝汀），这样他就能知道在哪儿能找到他的书。此后不久，诺代就前往瑞典去整顿他们的皇家图书馆，但准备不够充分，便决定返回法国。1653年返回途中，诺代在阿布维尔[4]去世。

当马扎林再度执政后，便依照诺代留下的建议着手恢复他的图书馆。马扎林买回了自己的书，甚至还有新老朝臣向他进献书籍。有趣的是，这些书籍是他们在拍

---

1　1582—1629，爱尔兰新教牧师和学者，都柏林三一学院院士，爱尔兰教会教区长，圣经的权威译者。
2　即托马斯·博德利，1545—1613，英国外交家和学者，创办了牛津博德利图书馆。
3　1600—1653，被西方誉为欧洲图书馆学开山鼻祖。
4　法国北部城市。

# 马扎林图书馆

卖会上以很低的价格购得的他的旧藏。

加百利·诺代是现代欧洲文化史上最早的杰出图书馆组织者之一。诺代非常早而且非常精确地在《建议》中定下了自己的目标。他有大量的资金可以动用，而且最重要的是他还得到了持续的资助。他热爱优秀的著作，并为自己的图书馆收集了超过8,000册的图书，最终马扎林出于安全的原因从诺代的子嗣那里强行买下了这些书。

因此，马扎林图书馆在搬到其现在位于巴黎康迪大街的地址前就已经存在了。1661年3月6日，在枢机主教去世前三天，他在遗嘱里增加了一条附录，从他的财产中拨出总计200万法郎修建一所大学，专门提供给那些在他的任期内被法国兼并的行省中的贫穷贵族青年。这便是后来的四国学院，其中还规划了一座图书馆。早在1660年，枢机主教就已视察了这座拥有宫殿和图书馆的奢华圣殿的设计，从而确保他的藏书能被永久保存。这些书都是他耗费巨资购买和养护的。最后，科尔伯特——马扎林遗愿的执行者聘请勒沃[1]来建造这所大学，勒沃想选址在内勒门和古代防御工事的废墟上。1670年勒沃去世时，建筑仅有外壳完工，但最初的200万法郎已经花光了。18年之后，这所大学才开始接收第一批学生。直到1693年——枢机主教去世后的32年，由儒勒·哈杜安-孟萨尔[2]建造的马扎林的坟墓才被竖立起来。为了应对地块的物理限制，勒沃为马扎林图书馆设计了最初的"L"形方案。几个世纪以来，除了天花板外，

图书馆几乎是学校里唯一不需要改变的地方。最初建筑师建造的优雅的拱顶，在1739年被一个扁平挑高的天花板取代，以便为书籍腾出空间。科林斯圆柱上的橡木木件，展厅里的锻铁栏杆，甚至是书架的底座，都是1668年从马扎林的宫殿里带过来的。在1968年到1974年间，图书馆进行了大规模的翻新，包括更换那些长期以来分散了读者注意力的吱嘎作响的地板。房间里每隔一段固定的距离，就会交替出现大理石的和青铜的半身像。这些半身像陈列在各自的基座上，一共50座，营造出一种"万神殿"的感觉。

马扎林图书馆拥有大约50万册藏书，且随着时间的推移不断增加。法国大革命刚过，枢机主教兼宰相的4万册收藏便翻了一番。奇怪的是，革命所引发的剧变却使"四国图书馆"受益，这座图书馆当时委托给前修道院院长加斯帕尔·米歇尔管理，这位前修道院长在"革命征用"中受益颇丰。共和国不是不知道拿没收自修道院和图书馆的大约160万册书怎么办吗？（于是便交给了"四国图书馆"保管。）几年之后，马扎林图书馆设法重新获得了5万多种额外的书籍。因2,000份手写本而闻名的马扎林图书馆重新建立起自己的古籍收藏，尽管枢机主教去世后，这些手写本被路易十四据为己有，放在了他自己的图书馆里。今天，这座图书馆拥有超过3,500册书籍，其中包括了可追溯至14世纪前半叶的《玫瑰传

---

[1] 即路易斯·勒沃，1612—1670，法国古典主义巴洛克建筑师，效力于法国国王路易十四。
[2] 1646—1708，法国建筑师，其作品开法国巴洛克建筑先河，是法国国王路易十四时代最伟大的艺术家之一。

奇》(Roman de la Rose) 手写本、一部十四卷本的圣经注释版、法国查理[1]的《时祷书》(Heures)[2]，还有许多无比珍贵的乐谱。作为一座高雅文化的图书馆，马扎林无法保留枢机主教和诺德思想中对普救论[3]的使命感。自1926年以来，它发展出一种特色馆藏——本地区和当地的法国历史——资源十分丰富却鲜为人知。

最终，唯一让这位最为显赫却被人唾骂的枢机主教兼宰相的名声得以保留的，是他少有的慷慨举动之一——创办图书馆。

本页图：17世纪黄道十二宫星球仪。
右页图：马扎林图书馆离法兰西学院的穹顶建筑特别近。1661年，就在去世前几天，枢机主教马扎林修改了遗嘱，将四国学院的建造计划包括其中。

1　即昂古莱姆伯爵（1459—1496），法国国王弗朗索瓦一世的父亲。
2　大约完成于1480年。这本书中的微缩画大部由罗比内·泰斯塔所绘，因艺术精湛和融入了多种印刷工艺而闻名。
3　普救论是基督教神学救赎论学说之一，主张灵魂最终都能得到救赎。

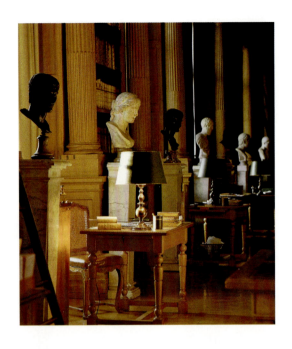

本页图：在一种迷人的无序中，50个诗人、哲学家、皇帝、学者、运动员和征服者的半身像在大厅里陈列展示。

右页图：20世纪70年代进行的大规模现代化改造既保留了大厅的学术氛围，也保留了奢华的气息。

# 法国

## 巴黎

## 研究所图书馆
### THE INSTITUTE LIBRARY

马扎林图书馆与研究所图书馆中间仅隔有一扇高大又漂亮的大门，门上刻有枢机主教的盾徽，但真正把这两座图书馆区别开来的却是它们整个的历史。马扎林图书馆由17世纪的一个权势显赫的文化人（即枢机主教马扎林）所建，在生命即将结束的时候，他希望对外开放他所有的收藏。研究所图书馆诞生于法国大革命期间，服务于国家研究所（National Institute）——一个包罗万象、雄心勃勃的机构。

在废除了皇家科学院（"无可救药的贵族坏疽"）之后，共和三年宪法[1]之父们建立了国家研究所，取代了原来皇家科学院的职能，但对皇家科学院却甚至没有半点敬意。在位于马扎林四国学院的研究所图书馆落成之际，格雷瓜尔修道院长[2]写下了这些赞美之词："法国宪法唯一的愿望，就是天才奔向所有的新发现，就像水无法被阻挡，火无法被控制一样。正是因为这样的愿望，才诞生了为完美理性服务的图书馆。法律维护科学；科学维护自由。如此幸运的一致，所有有用的发明，所有新的真理，被极富洞见地推广应用，从而使资源更加富足，提升了整体的幸福感。"国家研究所将心灵的各种活动划分为"类"，重新恢复了王政时期学院的名称：法兰西学院、法兰西文学院、法兰西科学院、法兰西艺术学院，以及法兰西人文学院。

1805年，这个"学者议会"（Parliament of scholars）创建了艺术宫（Palace of Fine Arts），其前身是1662—1667年由勒沃建的四国学院，在法国大革命时期曾被改造为监狱。艺术学院（School of Fine Arts）由沃杜瓦耶[3]进行了重大的改造，但后来它却没能与研究所共存，1840年艺术学院将学生们搬到了更远的珀蒂斯—奥古斯坦（Petits-Augustins）修道院。

研究所需要一个符合要求的图书馆来服务其研究，这是马扎林图书馆无法实现的。1802年，一个曾被公寓占据的侧厅彻底打开，被改造成一个118英尺（约36米）长的展厅，用来存放马扎林的收藏。这个宁静而美丽的空间变成了研究所图书馆，它的布局自1805年以来几乎很少有变化。阅览室四周的墙壁摆满了书架，其中有一部分木制品是勒布隆修道院长从圣德尼[4]修道院搬来的；在阅览室的中央，是一排排可追溯到1795年的大书桌。它们巨大的狮鹫状桌脚由制型纸[5]做成以节省开支，但即便如此，它们依然完好地进入了21世纪。在大厅的尽头，摆了一张来自凡尔赛图书馆的巨大的古巴红木桌，由利莫内设计，用来展示新的收藏。在两扇窗户之间，高耸着一件由钟表匠亨利·勒波特[6]精心制作的钟表，令人印象深刻。该钟表曾用作学院课间的钟声。它有两个刻度盘，分别显示了太阳时和民用时，以及根据公历和法国共和历[7]制定的日期和年份。法国共和历由法布尔·德埃格朗蒂纳[8]制定，1793年至1806年间的法国

---

[1] 该宪法的颁布宣告了督政府的成立。
[2] 1750—1831，法国罗马天主教神父，布洛斯宪法主教和革命领袖。
[3] 即莱昂·沃杜瓦耶，1803—1872，法国建筑师。
[4] 法国北部城市。
[5] 在纸浆中混入树胶等制成，具有高度韧性。
[6] 1800—1885，法国制表匠。
[7] 是法兰西第一共和国时期的革命历法，在法国大革命时期被采用，目的在于割断历法与宗教的联系，排除天主教在群众生活中的影响，以及增加劳动时间。
[8] 1750—1794，法国演员、剧作家、诗人，法国大革命时期的政治家。

# 研究所图书馆

采用了该历法。中央的桌子主要服务于来访的读者（被研究所成员个人推荐的研究者和访客），学院成员一般更喜欢待在大厅一侧的一列小阅读间里，那里面有扶手椅，还有摆满书籍和期刊的开放书架。

如今，研究所图书馆的60万件藏品中有188份古籍，11,500份旧刊和859份现刊，近8,000份手写本，553份手写残篇汇编，还有不计其数的绘画、版画、地图、规划图、老照片、奖牌和艺术品，同时还包括了罗凡朱尔[1]的收藏，仅此一项就包含了1,370份文学手稿、40,000份作品，以及其他物件。图书馆还有一些附属建筑，近来在马恩拉瓦莱[2]开放了一个更大的空间，平时很少被查阅的期刊被搬到了那里。对于一个有如此巨大声望的机构而言，这些数字无疑是令人印象深刻的，但是由于它们只面向少数人，也即向5所学院的成员开放，因此其重要性被削弱了。最初的时候，巴黎公社图书馆位于国家研究所内，基本上是用国王代理人安托万·莫里奥[3]的遗产创办的。后来，得益于图书馆馆长博纳米和利夫里修道院院长的慷慨捐赠，图书馆有了极大的发展。法国大革命前夕，它已拥有24,000册书籍和2,000份手写本。此外，研究所还被授权存放一些"革命所得"。这也是它之所以能够寻回一部分皇家学院收藏的原因，但这其中并不包括法兰西学院的收藏，因为它们在动乱中遗失了。由于大规模的购买政策，以及大量的捐赠和遗赠，之后藏品的数量快速增长。在督政府时期，拿破仑·波拿巴[4]作为研究所的一员，捐赠了12幅从米兰顶级图书馆带回来的列奥纳多·达·芬奇的珍贵原始手稿《达·芬奇笔记》(The Notebooks)。这些手稿涉及了各种各样的主题，如光学、透视、几何、建筑和绘画，并且通过大师笔下大量的图画和草图来加以说明。拿破仑还向图书馆赠送了几卷烧焦了的珍贵的莎草纸卷，它们是在赫库兰尼姆[5]被发现，并由那不勒斯国王送给拿破仑的。贯穿整个19世纪，甚至直到现在，来自学院成员的重要捐赠源源不断地涌入，如杜普莱西斯遗赠的5,000册藏书，还有专注于南美的玻利瓦尔图书馆的捐赠，以及马克西姆·迪康[6]捐赠的其私人图书馆的手稿和大量信件。1907年，比利时贵族查理·德·斯珀尔伯谢·德·罗凡朱尔子爵遗赠了他所收藏的大量关于19世纪文学和作家的文献，特别是有关奥诺雷·德·巴尔扎克[7]、乔治·桑[8]和查尔斯·奥古斯丁·圣伯夫[9]的。2000年，乔治·鲁宾的女儿向图书馆捐赠了她父亲的全部档案，乔治·鲁宾曾出版了26卷乔治·桑的信件。在这些档案中，包括了著名的年表，记录了这位大文豪每一天、每一刻的生活。对于那些对乔治·桑感兴趣的人而言，研究所已经成为一个不可缺少的地方——这是对乔治·桑身为一名女性无法入选法兰西学院的公平反击。图书馆目前的购买政策已不再允许它像1805年那样面面俱到，而是把重点放

---

1　1836—1907，比利时学者、收藏家、作家。
2　巴黎新城，在巴黎以东约20英里。
3　1699—1759，巴黎检察官，也是一位伟大的书籍和历史文献收藏家。
4　1769—1821，法国军事家、政治家和法学家，1804至1815年期间在位，人称"法国皇帝"。
5　因维苏威火山喷发而埋没的古城。
6　1822—1894，法国作家、摄影家。
7　1799—1850，法国著名作家，法国现实主义文学成就最高者之一。
8　1804—1876，浪漫主义作家，法国历史上第一位专业女作家，是最早反映工人和农民生活的欧洲作家之一。
9　1804—1869，法国作家、文艺批评家。

## 研究所图书馆

在了学院成员和他们的成果上，显著地倾向于人文、历史、法语、考古学和科学史。研究所图书馆试图与马扎林图书馆的活动相互配合，二者现在保持着良好的关系。虽然并非一直如此，那扇将它们隔开的门曾一度被封闭。

毫无疑问，研究所图书馆是世界上收藏最丰富的图书馆之一。这是一个受到保护的地方，不朽的著作跟所有的学院一起共享一种相宜的宁静。时间过得很慢，隔绝了城市的喧嚣，工作人员的能力和时间支配着他们的决定。过去那个时代的伟大辩论与学院渐行渐远，"学者议会"也已逐渐变成了最优雅的会社。

本页图：学院著名成员的半身像陈列在形如柱子的基座上；既保持了大厅的氛围，又创造出了层次感。
左页图：隔开研究所图书馆与马扎林图书馆的橡木门，上面刻有枢机主教马扎林的盾徽。19世纪的时候，它曾被彻底封闭。

本页图：陈列有图书和期刊的小阅读间坐落在窗口。
右页图：狮鹫状桌脚的大阅览桌由制型纸做成，抛光后看上去就像是青铜的一样。

# 法国

巴黎

# 参议院图书馆
SENATE LIBRARY

要想前往卢森堡皇宫（二楼）的贵族庭院，你就必须从宏伟的新古典主义风格中央楼梯拾级而上。图书馆由建筑师阿方斯·德·吉索尔[1]设计，刚好坐落在由过道围成的的壮观的半圆之后，过道上不时地重复出现着无穷无尽的盾徽。因为仅供参议员们使用，所以图书馆并不广为人知，但它却拥有全巴黎最美、最舒适的阅览室。但是，如果说在卢森堡宫的围墙内政治总有一种家一般的感觉，那么书籍就必须为它们的"家"而战。

1615年，亨利四世的遗孀、王国的统治者玛丽·德·美第奇[2]决定建造一座比卢浮宫更舒适、地理位置更好的宫殿。卢浮宫给她留下了太多不好的回忆。这位意大利王后想念故乡托斯卡纳的宫殿和别墅，特别是她成长的碧缇宫。在城市的边缘，她选择了一个开敞的斜坡，当时对面还几乎是一派田园风光，让人想起了昔日的碧缇宫。从历史和美学上在风格主义和古典主义之间搭建桥梁的建筑师萨洛蒙·德·布罗斯[3]立即开始着手建造这座巨型豪宅。但工程比计划的时间延后了。1624年，王后下达了严厉的命令要求尽快完工。虽然建筑完全是托斯卡纳风，但大庭院的设计却是巴黎风。1625年，玛丽带着她的王室成员，还有她收藏的艺术品和绘画搬了进来。这些收藏中包括了描绘她生活的24幅著名的巨型帆布油画，这是虚荣的王后在1621年委托鲁本斯[4]所作。它们现在被挂在卢浮宫一个最引人注目的大厅里。由于遭到年幼的国王路易十三[5]的宰相、枢机主教黎塞留[6]的排挤，王后感到心灰意冷，她进行了极其无力的尝试以图重新获得权力。著名的受骗之日[7]之后，她永远地流亡到了科隆。

这座宫殿一直为皇室所有，偶尔也居住过一些最不守规矩的成员，比如摄政王的女儿蒙庞西耶女公爵[8]，人称"大郡主"；但一些不怎么有趣的成员同样也将其作为住所，其中便有普罗旺斯伯爵[9]，他后来成了法国国王路易十八。整座宫殿在法国大革命时期被用作监狱，但很快就回归到更配得上它的富丽堂皇的功能，从那时起，它历经督政府、执政府、复辟王朝、法兰西第二帝国，以及最后的法兰西共和国，成为它们的议会所在地。

将这座豪华的宫殿改造成参议院（Chamber of Peers）并不容易，这也就可以理解为什么从花园看过去建筑那么的丑。事实上，除了一些精美的木制件，皇家住所里的室内装饰极少被保留下来。建筑师珍·夏勒格

---

1　1796—1866，法国建筑师，吉索尔家族成员，曾担任负责巴黎的公共建筑建设和历史保护的重要政府官员。
2　1573—1642，法国国王亨利四世的王后，路易十三的母亲，美第奇家族的重要成员。
3　1571—1626，17世纪早期最有影响力的法国建筑师。

4　即彼得·保罗·鲁本斯，1577—1640，佛兰德斯画家，巴洛克画派早期的代表人物，也是欧洲第一个巴洛克式的画家，被称为巴洛克画家之王。
5　1601—1643，法国波旁王朝国王。1610年至1643年在位。幼年由其母玛丽·德·美第奇摄政。亲政后，长期倚重枢机主教黎塞留，开始了法国的专制统治。在其统治期间，爆发了三十年战争，法国最终取得胜利，取代哈布斯堡王朝成为新的欧洲霸主。
6　即阿尔芒·让·迪普莱西·德·黎塞留，1585—1642，路易十三的宰相、枢机主教。法国出色的政治家、外交家。
7　1630年11月的某天，枢机主教黎塞留的政敌误以为他们成功地说服路易十三解除了黎塞留的权力。
8　1627—1693，加斯东·奥尔良公爵的大女儿，因为向国王路易十四提出自己要与社会等级很低的侍臣安托万·诺帕·德·科萌结婚而让法国朝廷大为震惊。
9　1755—1824，路易十六的弟弟，后来成为法国国王。1814年至1824年在位。也是波旁王朝复辟后的第一个国王。

# 参议院图书馆

林（1739—1811）[1]在通向花园的两翼之间修建了一个半圆。1836年至1841年间，阿方斯·德·吉索尔添建了一座前亭，将两翼的两座新建馆和专供图书馆使用的长廊连接起来。如今，图书馆由两个巨大且相互分开的房间组成。图书馆阅览室面朝花园，而附属建筑则在宫殿通向庭院的侧厅。大厅大约有213英尺（约65米）长、23英尺（约7米）宽，并由一侧的7扇凸窗将其照亮。木制件、拱顶立柱、墙壁四周的书架，还有可移动的20阶梯子都由一种浅色的橡木制成，它们在岁月的打磨下愈显精致。许多半身像和画作装点着窗户之间的区域，但大厅中最引人注目的还是它的天花板，这是三位当时非常有名的艺术家的作品——正中央由德拉克洛瓦[2]所作；东边由雷斯纳[3]所作；西边由罗克福所作。后两位画家的作品描绘了知识、哲学和智慧，还有其他一些适宜的主题，给读者或者参议员一种逃离的愉悦——后者每时每刻都在神情恍惚地盯着那些无尽的律法。另一方面，德拉克洛瓦花费五年时间完成了两幅重要的画作，第一幅在图书馆的中央入口，位于一个直径23英尺（约7米）、高11.5英尺（约3.5米）的穹顶之下，灵感来自于但丁《地狱》（*Inferno*）的第四篇。"这是极乐世界里的一个地方，没有得到洗礼恩典的伟人们聚集在那里。"我们只能想象面对官方委托，画家是如何成功捍卫这一主题的，但对但丁和极乐世界的引用无疑帮了大忙。在中央凸窗上方的拱门装饰上，他描绘了一个更适合图书馆的主题："亚历山大正在把荷马的诗篇放在一个曾经属于大流士[4]的金色箱子里。"一系列圆形浮雕象征了在哲学、雄辩、诗歌和科学的前提下人们所希望的样子。这是一种创新的风格，雕刻得深浅适宜。色彩十分鲜艳，几乎有些刺眼。在这里，画家开始了如他在日记中所记载的实践："……通过一种直接明了的色调产生出颜色较深的色彩。"他使用了一种从博宁顿[5]那里学到的柯巴清漆（copal varnish），这使他能以一名湿壁画画家的速度工作。与旁边相形见绌的同行作品一对比，这两幅杰作简直令人惊叹。

图书馆的第二个大厅确实不该被称为附属建筑，因为附属建筑很少能如此奢华。1750年，当"大郡主"的豪宅被改造成一座藏有国王几百幅油画的博物馆时，它成了欧洲第一座公共博物馆，每周对访客开放两天。1780年，普罗旺斯伯爵关闭了它，以供他个人使用。在法兰西帝国[6]时期，博物馆重新开放。它的拱形天花板上装饰有寓意十二星座的明丽的镶嵌画，由乔登斯所绘；还有在上面小心翼翼地修改过很多次的纯灰色画，从而与当权者的姓名首字母（monogram）和盾徽（coat of arms）相适应。1886年，参议院接管了这座附属建筑来扩大它的图书馆，如今参议院图书馆收藏了稀有的古老作品，其中有一件盖有莫雷尔印章的品相极佳的《埃及见闻》（*Description de l'Égypte*），是由路易·菲利普[7]赠送给参议院的。

---

[1] 因设计了巴黎凯旋门而闻名于世。
[2] 即欧仁·德拉克洛瓦，1798—1863，法国著名画家，浪漫主义画派的典型代表。
[3] 即亨利·弗朗索瓦·雷斯纳，1767—1828，法国的肖像画家和缩微画画家。
[4] 即大流士三世，前380—前330，波斯帝国最后一任国王（前336—前330在位），前331败给了马其顿国王亚历山大大帝。
[5] 即理查德·帕克斯·博宁顿，1801—1828，英国浪漫主义风景画家。
[6] 由拿破仑·波拿巴建立的法兰西第一帝国（1804—1815）与路易-拿破仑·波拿巴建立的法兰西第二帝国（1852—1870）组成。
[7] 即路易·菲利普一世，法国国王，1830年至1848年在位。

图书馆的历史与宫殿的历史交织在一起；特别是它曾被用作议会会议（Parliamentary Assembly）的会场。自19世纪（1800年）起，执政府参议院决定为自己配备一座图书馆作为必要的研究场所。藏书原计划取自阿森纳的一座图书馆；作为补偿，参议员们同意在每周特定的日子里免费向公众开放。后来这个项目陷入了困境，参议员们变得不耐烦了，决定建造一个临时的图书馆，并从巴黎的储备中拿出少量的书籍，这些书通常都是革命"征用"的成果。购买政策相当混乱。有成百上千册的书反映了参议员们的兴趣，却跟他们的辩论无关，其中有一本购于1820年讲那不勒斯植物的书，还有一本购于1829年讲维也纳哥特式和罗马式纪念碑的书。1830年，这里一共有11,000册藏书，并且依照布吕内分类法[1]分成五大类——A代表神学，B代表法律，C代表科学，D代表文学，E代表历史（附加子类别）。从根本上来说，这个系统是为一个小型图书馆而设计的，很快便不适应日益发展壮大的图书馆。在法兰西第三共和国[2]时期，图书馆改用一个并不十分科学但却很实用的编号系统，并且至今仍在使用。图书馆的藏书因参议员的捐赠而得以丰富起来，他们之间发扬了一种比谁更慷慨的友好的竞争精神。1821年，莫雷尔·万迪伯爵[3]捐赠了一套精美绝伦的地图和规划图，它们被保存在特制的橱柜里。另外，完整的收藏同样被图书馆收购，比如皮克塞雷古[4]在1840年创作的革命作品（那一时期的诗歌、歌曲、戏剧和版画），以及著名的迪普特·塔克西斯纲要（Duprat-Taxis Compendium），这是一部由一位知晓大量"准确到令人不安"的信息的系谱学家[5]编撰的系谱汇编，让那些"1817年8月25日宪章颁布后的法国新贵阶层"感到担忧。它对帝国贵族及其政治软弱的揭露造成了严重的危害，以致于参议院公投买下了这份文件，并把它深藏在自己的保险柜里。然而，1887年一个偶然的机会它还是被发现了。

今天，参议院图书馆除管理着整个机构的档案和供参议员使用的研究文件，还拥有超过45万册的藏书和1,300份手写本，同时还接收超过700种期刊。可以理解的是，这些收藏主要聚焦于议会活动。从一开始，法学和经济方面的书籍就成为其购买的主要部分，即便如此，购买仍然与上层议会成员的履历和文书密切相关。许多著名人物如夏多布里昂[6]、蒙热[7]、沙普塔尔[8]、雨果[9]、安格尔[10]、圣佩韦[11]、梅里美[12]、利特雷[13]、普安卡雷[14]和克列孟梭[15]都曾在卢森堡宫任职。

在一种沉闷的寂静中，参议院的雇员们管理着这个

---

1 由法国目录学家与图书分类先驱雅克·夏尔·布吕内（1780—1867）提出的善本分类法。
2 1870年至1940年统治法国的共和政府。
3 即查尔斯·吉尔贝·莫雷尔·德·万迪，1759—1842，法国政治学、农学家、文学家。
4 即勒内·查理·吉尔贝·德·皮克塞雷古，1773—1844，法国戏剧导演、剧作家。
5 系谱学源于希腊语，意为"研究家史的科学"，即研究并记录一个家族的成员及其家属的渊源。
6 1768—1848，法国作家、政治家、外交家、法兰西学院院士。
7 1746—1818，法国数学家、化学家和物理学家。
8 1756—1832，法国化学家和政治家。
9 1802—1885，诗人、小说家、剧作家、法国浪漫主义文学代表人物。
10 1780—1867，法国画家，新古典主义的旗手。
11 1804—1869，法国19世纪文艺批评家。
12 1803—1870，法国戏剧家、历史学家、考古学家和短篇小说家。
13 1801—1881，共济会会员、法国词典纂编家和哲学家。
14 1854—1912，法国数学家。
15 1841—1929，法国物理学家、记者和政治家。

图书馆一度是法国参议院,它坐落在一个建于 1836 年至 1841 年的前亭,透过七扇巨大的凸窗可以俯瞰卢森堡花园。

庞大的、主要还是私人性质的图书馆。当参议院不开会的时候，这里空荡荡的，但当参议员们在会议间隙查阅资料时，则会变得热闹起来。曾经有一段时间，参议院图书馆以并不高的薪资雇佣了一批文人做图书管理员。大约1880年的时候，诗人勒孔特·德·利勒[1]和"诗歌的完美公证人"拉科萨德曾在那里工作，他们彼此厌恶，并且弄得人尽皆知；还有拉蒂斯博纳，他唯一的工作就是对新采购的书进行登记。但最著名的是阿纳图瓦·弗朗斯[2]，他曾经是这里的普通职员，接受另外三个人指派的工作。当阿纳图瓦·弗朗斯作为作家第一次获得成功后，他辞去了工作，放弃了"六个立方的木头，六百千克的煤，还有十八千克的油"，奔向了法兰西学院梦想中的图书馆。

---

[1] 1818—1894，法国高蹈派诗人。
[2] 1844—1924，20世纪上半叶法国具有代表性的小说家、批评家，1921年诺贝尔文学奖获得者。

尽管大阅览室的建筑风格吸取了新古典主义的灵感，但它的方格天花板却又让人想起了玛丽·德·美第奇的古典主义意大利宫殿。

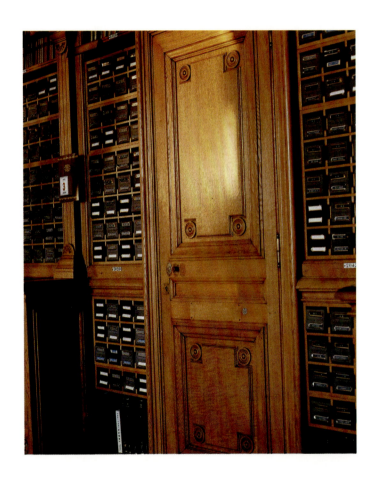 

本页图：19世纪的卡片目录已经被计算机取代。

右页图：历史女神（L'Histoire）是内政部部长于1840年委托安托万·德伯夫[1]制作的新古典主义大理石雕像，1842年在美术展览馆展出后安放于此（注册号1922）。

---

[1] 1793—1862，法国雕塑家、勋章设计师。

本页图：图书馆入口的穹顶。欧仁·德拉克洛瓦受委托在那里画了"一个聚集了还未受过洗礼恩典的伟人们的极乐世界"。
左页图：由德拉克洛瓦的近亲莱昂·黎西纳[1]所绘的表现寓言故事的天花板。

---

1　1808—1878，法国浪漫主义画家。

TVRENNE

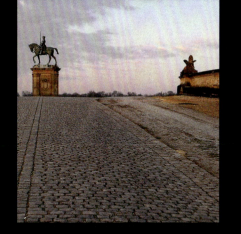

# 德·奥马勒公爵的德斯·里拉图书馆

THE CABINET DES LIVRES OF THE DUC D'AUMALE

如果你不长时间泡在法国国家图书馆、梵蒂冈、三一学院和美国大学的重要图书馆里，你就无法研究手写本、泥金装饰书、古版书和印本书的历史和发展。但是，藏书家对书的爱远远超出了翻书和赞美书。那些真正爱书之人希望拥有它们，于是便有了痴迷好书的书迷们迫不得已寻遍书店和拍卖行的戏剧性一幕，他们希望找到那些躲过他们竞争对手的书。亨利·欧仁·菲利普·路易·德奥尔良（1822—1897），即德·奥马勒公爵，是路易—菲利普一世的儿子，也是阿尔及利亚的征服者和短暂的总督，同时也是19世纪最伟大的藏书家之一。在他准备在尚蒂伊[1]建造梦想中的城堡的第一个设计方案中，图书馆占据了最中心的位置。

"我要等待"是这位公爵的座右铭。他过着不同寻常的生活，在流亡中度过了26年。他聪明、有教养，而且是一个优秀的军人，当法国社会因法兰西第二帝国的覆灭而动摇，不确定应该支持谁的时候，他甚至渴望夺取王位。意识形态的分歧和君主主义者的顽固扼杀了第二次复辟。德·奥马勒公爵，"一个有雄心却缺乏勇气的人"（根据朱斯·理查德在1873年10月7日《高卢人日报》[Le Gaulois]上的描述）再度流亡。从那时起他只有等待着生活的结束，一个本来应该有的更好的生活。毫无疑问，尚蒂伊和藏书从最初的一种消遣变成了能让他忘记历史沉浮的爱好。1848年，当路易—菲利普一世及其家族不得不从法国逃往英国时，德·奥马勒公爵同样经受了被迫放弃特权的命运。德·奥马勒公爵很快便从阿尔及利亚返回，26岁的他发现自己无所事事。

---
1 法国北部城镇。

1830年，当他18岁的时候，他继承了他的教父孔代亲王路易·德·波旁公爵[2]的全部遗产，这使他成为一个非常富有的人。这些遗产在法国大革命期间被没收，但之后在1814年被归还。1850年，路易—菲利普一世去世后，他又将奥尔良[3]的大片土地纳入其庞大的资产；相比之下，他与西西里的玛丽·卡罗琳·德·波旁[4]的婚姻只给他增加了西西里岛的财产。因此，他在英国过着贵族的生活，经常以狩猎和淘书为乐。实际上，他继承了德·波旁公爵著名的图书馆和档案，德·波旁公爵将这些档案与蒙莫朗西和孔代的档案合并到一起。尽管许多关于法国大革命的档案被"征用"，但仍有800份手写本被保存了下来。出于对历史的热爱，德·奥马勒公爵把它们带到了英国，并愿意为孔代图书馆编写目录。虽然他从未完成这个长期计划，但却成功地激发了他这个文化人对书籍和藏书更加浓厚的兴趣。

19世纪是藏书史上最伟大的时代之一。法国大革命解散了许多图书馆，最好的情况下是"征用"它们，但更多的则是以非常低的价格，甚至直接通过掠夺来得到它们。市场上，书商的店铺和拍卖行里涌入了大量品相极佳的稀有藏书，精明的书迷们都可以买到它们。对书籍的爱好此时已成为贵族家庭、书商和出版商的特权而传播开来。1810年，雅克·夏尔·布吕内出版了《图书经销商与图书爱好者手册》（*Manual of Booksellers and Book Lovers*），该书经过几次改编和增订，成为整个19

---
2 1756—1830，波旁王朝最后一代孔代亲王，孔代家族在他死后绝嗣。
3 法国中部城市。
4 1798—1870，波旁王朝的意大利公主，法国国王亨利五世的母亲。

世纪经久不衰的书迷指南。书价迅速上涨，最稀有的手写本成为像阿纳图瓦·德米多夫公爵[1]、赫特福德勋爵（其藏书后来为华莱士所有）和德·奥马勒公爵这样的大收藏家之间疯狂争抢的对象。这个世纪里间或有一些重要的拍卖和从穷困潦倒的继承人那里的直接购买。其中包括1849年伦敦的霍伊拍卖，还有博德洛克、克兰尚和斯坦迪什的拍卖，以及西戈涅的拍卖。在斯坦迪什的拍卖中，德·奥马勒公爵拍下了全部拍品（2,500册）；而在西戈涅的拍卖中，公爵同样花费了37万5千法郎拍下了所有的拍品（2,910件）。公爵从英国派出大量经纪人到欧洲各地。1856年，大英博物馆的图书馆馆长帕尼兹告诉他，在热那亚[2]存有一份稀世的手写本。一个月后，他的收藏中便出现了他的图书馆的镇馆之宝——贝里公爵的《豪华时祷书》。1891年，他了解到利尼亚克家族想要卖掉一本曾属于圣路易斯的祈祷书，这本丹麦的英格堡[3]诗篇（Psalter of Ingeburg of Denmark）是一部13世纪的杰作。公爵在去世前不久还收购了让娜·埃夫勒[4]的《日课经》（Breviary of Jeanne d'Évreux），一份品相上乘、保存完好的手写本，还有让·富凯[5]的印板，这是他为15世纪的法国财政部长艾蒂安·舍瓦利耶[6]的《时间之书》（Book of Hours）所做的。在公爵去世的时候，他的藏品中有——而且始终有——从15世纪到19世纪的1,600份手写本、12,500本印本书，还有大约30,000本19世纪的印本书，后来又增加了成千上万种各种各样的书，还有其他两批遗赠给尚蒂伊的藏书，以及大量的期刊。

公爵拥有广泛的兴趣爱好：首先最重要的是文学，还有历史（通常与孔代以及他自己的家族有关）、诗歌、哲学、神学、地理和科学。他在一张卡片上写下了他的每一件拍品；然而，《豪华时祷书》的条目变成了一篇13页的文章，他不仅叙述了它的收购过程，还讲述了它本身的历史。这些笔记被当代藏书人视为不可估量的信息宝库，但直到今天仍没有被充分利用。公爵也是一个唯美主义者，这从他非凡的绘画和雕塑收藏，以及他为了如今保存在尚蒂伊的收藏而寻遍全欧洲的最美作品就可以得到证明。他对书籍的装帧质量非常在意，他的图书馆展示了这种艺术从12世纪到18世纪的演变。他在寻找善本，但也会在他认为必要的时候毫不犹豫地对之进行重新装订。公爵雇佣了巴黎和伦敦最好的书籍装帧师，比如鲍里兹、特劳茨、卡佩和迪吕，他们从作品的装订日期寻找灵感，为他创造出最独特的装帧设计。

藏书是一种昂贵的爱好，如果是以公爵身份来实践的话，更是空间的梦魇。公爵的住所，位于特威克南[7]的奥尔良宅邸（Orleans House）很快便被他的海量收藏占据。当他计划返回尚蒂伊并准备重建那里的时候，很早便决定在他未来的城堡——用以取代孔代·波旁公爵先前又小又不舒服的那座——建一座图书馆。在他给王室及贵族的城堡建筑师菲利克斯·迪邦（1797—1870）的

---

[1] 1813—1870，俄国实业家、外交官，德米多夫家族的艺术资助人。
[2] 意大利西北部港口城市。
[3] 1175—1236，法国王后，卡佩王朝国王菲利普二世的第二任妻子。父亲为丹麦埃斯特德逊王朝的国王瓦尔德马一世，母亲为明斯克的苏菲亚。
[4] 法国王后，法国国王查理四世的第三任妻子。
[5] 1420—1481，15世纪法国杰出画家，板画（panel painting）和手写本彩绘（manuscript illumination）领域的创作大师，公认的缩微肖像（portrait miniature）画始创者。
[6] 约1410—1474，法国国王查理七世和路易十一世的重要公务员。
[7] 英国英格兰东南部城市。

重建规划中，图书馆占据了中心位置；并且在最终的重建规划中，迪邦的学生、著名的历史主义者奥诺雷·多梅（1826—1911）规划并建立了两座图书馆——德斯·里拉图书馆和剧院图书馆（Bibliothèque du Théâtre），也即主要用于保存的现代图书馆。

对于书迷来说，德斯·里拉公爵图书馆是一个神奇的地方。它的建筑极其庄严肃穆，体现出拉布鲁斯特[1]的建筑精神和运用了新技术的"现代"风格，巴黎当时正在兴建的主要公共图书馆就采用了这种"现代"风格。玻璃柜的搁架和门扇全是金属的，无论是铁、铸铁，还是金属板都用皮革包裹着，以免损坏珍贵的装帧。门后面向房间的一侧覆盖着假书脊，书脊上面都是一些遗失的希腊文和拉丁文著作的题名。当门关上的时候，整个房间似乎都被书覆盖了。通往上部的通道也是由金属制成的，它的扶手上装饰有一种可以立马打开的斜面书台。隐藏在这个入口斜坡地板里的是一卷卷地图，这些地图被固定在帆布上，展开时可以阻挡透过四扇俯瞰花园和喷泉的巨大凸窗照进来的阳光，从而保护书装。正中央有两张供翻阅图书的大桌子，其中一张桌子甚至配备了一个由隐藏把手控制的斜面书台。公爵喜欢在图书馆另一侧的尽头接见他的合作者和书友们，在一个小壁炉前有舒适的扶手椅和斜面书台，还有一个由柯塞沃克[2]制作的大孔代[3]半身像。书籍根据装帧（样式、年代、颜色）来摆放，产生出一种富有和奢侈的感觉。在这样一种氛围下，谁能不被这份爱书情怀感染呢？

剧院图书馆坐落在不远处。它的名字提醒人们，这座建于1888年的图书馆位于原来的孔代·波旁剧院旧址上。它所拥有的成千上万册的书，虽然其中大部分与公爵图书馆中的相比并不那么珍稀和有价值，但对当代书迷而言仍是一大幸事。正中央的书架上摆放着公爵收藏的素描画，它们被保存在红色盒脊的大纸盒里。公爵同样对绘画艺术颇感兴趣，并且在收藏的画作中有三百多幅普桑[4]的作品。研究者很容易就能观看这些收藏，并且还有一个小巧迷人的房间供他们使用，在那里可以俯瞰喷泉。你可以通过目录——一部分已经数字化，还有一部分仍是手写的——快速浏览公爵所寻取的战利品。

在1884年和1886年将尚蒂伊的监护权授予法兰西学会的文书上，公爵作为法兰西学院[5]的一员，明确规定任何东西都不能带离城堡。因此，他的收藏从未被借出，这也就解释了为什么它们不为人所知。这些令人惊叹的19世纪最负盛名的收藏——书籍、绘画、雕塑、玻璃制品、物件和照片，平静地处于一种极好的保存状态。它们等待着，就像公爵在他的一生中所经历的那样，然而即便如此，仍是一种平和之爱最优雅的例证——对书籍的爱，也是一种对我们文化史的爱。

---

[1] 19世纪中叶法国建筑师，反对学院派拘泥于古典规范的方法，建议用新结构与新材料创造新的建筑形式。
[2] 即安托万·柯塞沃克，1640—1720，法国雕塑家。
[3] 即路易二世·德·波旁，1621—1686，法国军人和政治家，孔代亲王和昂吉安公爵。是孔代家族最著名的代表人物，也是17世纪欧洲最杰出的统帅之一。
[4] 即尼古拉斯·普桑，1594—1665，17世纪法国巴洛克时期重要画家，也是17世纪法国古典主义绘画的奠基人。
[5] 法国学术界地位崇高的殿堂，其前身是1634年路易十三的宰相黎塞留所建立的文学院。

阅览室所用油灯的青铜雕刻底座。

本页图：可以俯瞰公园的小房间，如今是研究人员翻阅图书馆馆藏的地方。

右页图：珍贵的古代地图和雕刻陈列在玻璃柜里，由帆布卷帘保护着以免被阳光破坏。

公爵在原来的剧院里安置的现代图书馆，保存了主要的绘画、地图和"现代"书籍。前景中是一个橱柜，里面放有弗朗索瓦·克卢埃[1]、尼古拉斯·普桑，以及许多意大利文艺复兴时期重要艺术家的画作。

---

[1] 1510—1572，法国文艺复兴时期著名的风俗场景画与肖像画画家。

本页图：公爵的一把扶手椅，上面安装有可移动的书架。
右页图：在"密室"遥远的尽头，壁炉旁是公爵享受翻书之乐和接待书友的地方。炉罩之上，是由柯塞沃克制作的大孔代半身像。

瑞士

圣加尔

# 圣加尔修道院图书馆
THE ABBEY LIBRARY OF SAINT GALL

那些伟大的修道院图书馆的历史也是欧洲文化的历史。目前所知的是，康斯坦斯湖旁圣加尔本笃会修道院的修建，以及它存在的最初几个世纪，揭示了罗马帝国缓慢崩溃和加洛林帝国建立之间的一段相当模糊的历史。

加尔——也称为卡吕、加隆、加吕那斯、加洛或切莱（如此众多的名称让历史学家的工作变得更复杂了）——是高隆邦的工作伙伴，高隆邦是一位高贵的爱尔兰人，为了在异教徒的大陆上传教而离开了故乡。在建立了吕克瑟伊修道院之后，这位未来的圣高隆邦继续前往德意志南部、瑞士和意大利进行传教。当加尔在612年随同高隆邦抵达布雷根兹地区时，他决定留下来，并隐居在斯泰纳河源头附近的一个废弃的地方。加尔在646年去世时被追封为圣徒，当地居民在他的隐居地建造了一座教堂。查理·马特[1]指派了一名叫奥特马的牧师去看管圣迹。在丕平三世[2]的帮助和保护下，奥特马很快就建立了一座修道院，用圣高隆邦的教令取代了圣本笃会的教令。从一开始或之后很快，奥特马就设立了一个缮写室并开始收集书籍，而且开办了一所学校。当时那些正在欧洲各地传播凯尔特风格的手写本和图案的爱尔兰和盎格鲁-撒克逊的修士们来到圣加尔进行抄写工作。在查理大帝统治时期，修道院迎来了两位罗马派来的唱诗班领唱来教授格里高利的圣歌，他们在当地创办了一所非常有名的圣歌学校。缮写室里创作出大量的吟唱诗歌集，许多至今仍保存在图书馆里。在9世纪，圣加尔修道院是一个活跃的交流场所。得益于皇帝的青睐，这里颇具影响力，享有许多特权。820年，当著名的《圣加尔规划》（*Plan de Saint-Gall*）发表的时候，它的国际声望得到了提高。在规划中，修道院被描绘成某种理想的宗教小团体，这里的每栋建筑都有一个特定的功能。尽管这一规划从未被完全实施，但却对中世纪的本笃会建设产生了巨大的影响。大约在850年，图书馆的第一个目录编写完成，其内容显示出修士们的兴趣已经超越了神学。这份目录中所引用的四百多份手写本至今尚存。

始于930年前后的匈奴人的攻击，让圣加尔经历了一段黑暗的时期，被迫将其图书馆转移到康斯坦斯湖中一个小岛上的赖歇瑙修道院。937年，圣加尔遭受了火灾，幸运的是，书和图书馆并未受到波及。12世纪之后，修道院陷入了无数的世俗纷争并走向衰落，即便这里的几位院长已成为帝国的贵族。16世纪初，加尔文教徒洗劫了修道院，但一个崭新的繁荣时期最终在1530年开启了。书籍继续在彰显修道院的影响力上扮演重要的角色，17世纪中叶，修道院院长派厄斯收购了一家出版社，并将之前的缮写室变成了瑞士的第一个印刷中心。1712年，公国被来自苏黎世和伯尔尼的侵略者击败，财富遭到血洗，包括其中最杰出的作品。1755年至1765年间修道院以巴洛克风格重建，但复兴之路很快就被中断了。1798年，瑞士镇压了所有的教会公国，并在1805年没收了修道院的收益。1846年，圣加尔成了一个主教辖区，它的建筑被主教和行政区的各种办公室瓜分了，

---

[1] 686—741，法兰克王国宫相、军事领导者，查理大帝的祖父，718年到741年为法兰克公爵兼王国摄政。
[2] 714—768，法兰克国王，751年至768年在位，查理·马特之子，查理大帝的父亲。加洛林王朝的创建者。

## 圣加尔修道院图书馆

就是图书馆了。创建于公元7世纪并参与了向莱茵河的高卢人传教的修道院首当其冲地成为宗教改革运动的受害者，其复兴也随着声势浩大的世俗化运动戛然而止。

1750年，修道院院长塞莱斯廷·古格·冯·斯特拉克启动了如今我们所看到的修道院的重建。他把这项工作委托给一位奥地利建筑师彼得·萨姆（1681—1766）和他的儿子迈克尔·彼得（1725—1769），他们喜欢一种简单有力的巴洛克风格，没有任何的矫揉造作。他们为图书馆精心选址。在它厚重的门上方有一行镀金装饰线条的希腊文题词，意为"灵魂疗养院"（Sanatorium of the Soul）——在公元1世纪，西西里的狄奥多罗斯[1]用这个词来描述拉美西斯二世[2]的书房。这扇门打开了一个庄严的空间，浸染着由许多种珍贵木材所散发出的五彩缤纷的暖色光芒。巨大的大厅不时被书架上方的悬壁，还有支撑着宽阔走廊的柱子隔断开来。这些走廊的投影与地面的镶嵌图案设计交织在一起，形成了壮丽宏伟的画面。优雅的木柱顶部是覆盖着金叶的科林斯柱式，整个木柱也装饰着浅金色装饰。窗户上方的壁龛里是刻画得惟妙惟肖、象征着艺术与科学的丘比特木雕。每一个都摆出不同的姿势，真实地流露出其特有的品质。天花板由四个扁平的穹顶组成，上面坚固的洛可可灰泥装饰环绕着约瑟夫·瓦内马赫尔[3]创作的圆雕和湿壁画，所表现的主题是尼西亚、君士坦丁堡、以弗所和迦勒斯的会议。这里所展示的意象比在德国和奥地利其他修道院图书馆里所见的更加严肃。通常的寓言故事，往往既陈旧又复杂，在这里已经被描绘教会生活中重要时刻的简单图画取代了。毫无疑问，圣加尔的本笃会修士们相信，比起无用的花里胡哨的护教学[4]，那些耐心积累下来的成千上万的作品更能让人感受到"灵魂的关怀"。

虽然这座图书馆的珍藏并不受人特别重视，但它们对于理解该地区的宗教史依然是至关重要的。圣加尔不仅仅是一个重要的缮写室，而且也是一个文化中心，在这里修士们誊抄作品，写下评论。一些古老的书卷反映出那里曾经盛行的开放精神——这在当时是非常罕见的。例如，这里藏有《查理大帝的一生》（*A Life of Charlemagne*），这是在皇帝死后不久由诺特克尔·巴布洛斯[5]创作的；有《隆居姆福音书》（*Evangelium Longum*），一名修士还给它做了一个象牙封面；西塞罗《论开题》（*De Inventione*）的10世纪版本；伦巴第国王罗瑟里[6]的法令；写在羊皮纸上的第一部旅游指南《神奇之都罗马》（*Mirabilia Romana*）；还有一个详述德古拉伯爵暴虐行为的正式文档。今天的圣加尔图书馆，作为一个研究中心和历史收藏馆，拥有15万件藏品，其中包括2,000份以上的手写本和1,500件古籍。

---

1　前1世纪，古希腊历史学家。
2　前1303—前1213，古埃及第十九王朝法老，其执政时期是埃及新王国最后的强盛年代。
3　1722—1780，巴洛克湿壁画师。
4　基督教神学的一部分，研究教条的辨证。
5　840—912，音乐家、作家、诗人和本笃会修士。
6　约606—652，伦巴第人的国王，636年至652年在位，曾是布雷西亚的公爵。

世界上最美最美的图书馆

第128—130页图：大厅。1757年11月28日决定建造，1760年动工，共花费了十几年的时间才完成。

本页图：约 900 年抄写于修道院的《隆居姆福音书》的象牙封面。左边的封面上画着一只熊帮助圣加尔建造了他的隐居地。

左页图：图书馆的主入口。在圆雕中，用希腊语写成的"灵魂疗养院"题词曾被西西里的狄奥多罗斯用来描述拉美西斯二世的书房。

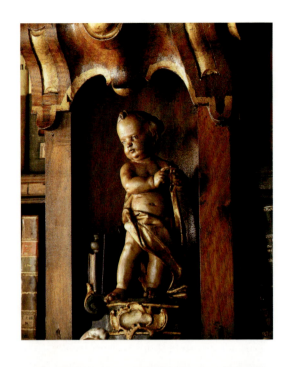

在柱顶上方的壁龛里,放置着由木头雕成的丘比特,它们代表了艺术(arts)和科学(sciences)。

每一个丘比特都带有寓意的象征：书、天体、望远镜、鲁特琴等。

本页图：在窗框的一旁，矗立着公元7世纪时一个名为施潘塞的年轻埃及女子的木乃伊的外棺和内棺。它于1820年被安放在图书馆中，当时的学术界对埃及学拥有浓厚兴趣。

右页图：为了纪念塞莱斯廷·古格·冯·斯特拉克（1701—1767），人们将他的肖像纳入南门上方的镶板上。作为一名精力充沛的修道院院长，他是修建新图书馆和修道院教堂的发起人之一。

# 博德利图书馆

BODLEIAN LIBRARY

匪夷所思，甚至是自相矛盾的是，尽管伟大的图书馆构成了一种文化荣耀，但是它们的诞生却并不总是那么容易。你可以天真地认为它们的必要性是不言而喻的，但是总得有一个信念坚定的实干家——不论是贵族、修道士，还是学者——才行，他们要能投入必要的精力，特别是提供资金支持。牛津就是这样的例子。

14世纪伊始，牛津大学——暂且不论它的众多学院——拥有大量的手写本，被学生们存放在圣玛丽教堂的一个展厅里。1320年，伍斯特[1]的主教决定为这些珍贵的收藏建造一栋楼；1327年，他的去世一度造成了这项宏伟工程的延后。直到1367年这座建筑才封顶，1444年才装修完毕。在亨利五世[2]的弟弟汉法利公爵赠送281册手写本之后，牛津大学决定在神学院之上建造一个新的图书馆，一个巨大的、后哥特式的会议厅。直到44年后图书馆才正式开放，由此看来时间对牛津而言并不是特别重要。然而，校方对图书馆根本就毫不关心，甚至通过卖书——一种自我否定的行为来支付图书馆馆员的工资，从而加速了馆藏的流失。1555年，最糟的时刻到来了，所有与罗马天主教相关的著作都被从书架上清理了出去。这些杰出的手写本被卖给了当地的装订商用以支付羊皮纸的费用。1556年，家具遭受了致命一击——被卖给了基督堂学院，空无一物的大厅被改造成医学院。牛津大学发现，自己居然没有了图书馆！

接下来，托马斯·博德利（1545—1613）隆重出场。他是一名出生于埃克赛特[3]的新教徒，为了躲避迫害，与家人一起移民到日内瓦，在那里与包括加尔文在内的最优秀的教师一起学习。之后他回到了牛津，成为莫德林学院的一名教员。在他仅仅25岁的时候，当上了副院长。1576年，他再次前往欧洲大陆进行广泛游历，在此之后开始为英国女王伊丽莎白一世[4]效力，作为女王特使连续数年被派遣到法国、丹麦和尼德兰声援新教。在娶了一个有钱的寡妇后，他在1596年辞别了女王分派的工作，并在1598年决定投入精力和金钱在他钟爱的牛津建立一座图书馆。1598年3月，他的捐款和赠书被接收；1600年，牛津恢复了神学院上面的老图书馆。1602年当图书馆正式落成的时候，它已经拥有了299份手写本和1,700册印本书。到了1605年，它的书架上堆满了6,000册图书。在1610年，被授予爵位的博德利开始系统地接收伦敦出版商的出版物副本。这标志着英国版权登记（copyright registration）的开始，博德利在很长一段时间里主管这项工作。

1613年托马斯爵士去世后，他把他的财产留给了图书馆，"艺术角"（Arts End）和方厅中的施工即刻展开。这个朴素的庭院四周环绕着可直达图书馆入口的教学楼。1634年，神学院的另一头建成了第三座大厅，为了纪念捐资建造该厅的慷慨律师而被称为"塞尔登角"（Selden End）。图书馆延续着繁荣，收到了大量的手写本和书籍。由于并非只有牛津大学的学生才可以使用这些设施，

---

[1] 英国英格兰西部城市，赫里福德和伍斯特郡首府。
[2] 1386—1422，英格兰开斯特王朝国王，1413年至1422年在位。在他短暂的九年统治期间，他取得了中世纪任何一位英格兰国王都未取得的军事成就。
[3] 英国英格兰西南部城市，德文郡首府。
[4] 1533—1603，英格兰和爱尔兰女王，1558年至1603年在位，是都铎王朝的第五位也是最后一位君主。她终生未婚，因此有"童贞女王"之称。

因此图书馆吸引了来自欧洲各地的研究人员。事实上，直到1856年图书馆才迎来牛津大学的本科生。然而，好评却因实际使用情况大打折扣。例如在1831年，图书馆每天只有两三位读者。直到1845年建筑才有了供暖；并且一直到1929年才安装了电灯——这两项的缺失毫无疑问打消了研究人员长时间待在那里的念头。

经历了18世纪的中断后，博德利图书馆再一次扩大馆藏。1849年，它拥有大约22万本书和21,000份手写本，使其成为世界上最大的图书馆之一。1960年，它将雷德克里夫图书馆（Radcliffe Library）收归旗下，这座耸立着细长穹顶、令人惊叹的圆形巴洛克建筑被重新命名为"雷德克里夫密室"（Radcliffe Camera），并成为这两座图书馆的主阅读室。多亏有1939年至1940年间添建的由贾莱斯·吉尔伯特·斯科特爵士[1]设计的新馆，博德利图书馆凭借650万册藏书成为今天仅次于莫斯科大学的世界第二大高校图书馆。

单纯就书而言，博德利是一个人文主义者，但在建筑方面他却很保守。他的图书馆是一个富有想象力却并不复杂的折中主义的实证，直到今天仍是英国建筑的魅力所在。尽管在欧洲大陆1600年预示了古典主义的黎明，但英国的建筑师们依然沿续着过去，由此我们很能理解其方庭墙上的哥特式嵌板、后哥特式的凸窗，还有古旧的带有雉堞的尖塔和矮墙。由博德利修复的古老大厅，毫无保留地带有16世纪的色彩。它的天花板被重新绘成繁复的文艺复兴式样——这是在试图重现最初的灵感已经消失的风格时经常会遇到的问题。在长长的大厅两侧，书架取代了原来上面曾经摆放着手写本的古老诵经台。如今这个房间保存着博德利收藏中最有价值的作品，比如13世纪末英格兰的奥姆斯比诗篇，老普林尼《自然史》的威尼斯译本，来自君士坦丁堡的希腊语手写本，《堂吉诃德》的初版，还有一些中文著作，其中包括一部孔子的书，当年博德利买的时候牛津还没人能看得懂。第二个大厅即"艺术角"的天花板上又一次装饰着加入了博德利家族盾徽的大学盾徽。藏书被放置在与墙壁平行的书架上，书架的上方是一个小画廊，以便充分利用房间的高度。第三个大厅即"塞尔登角"，它有两扇巨大的哥特式观景窗，整个大厅采用了和"艺术角"相同的装饰方式。

成千上万的研究人员，不论知名与否，都在布满装饰的天花板下工作。博德利图书馆单从体量上来说可能并不大，但其声望却是无与伦比的。这座图书馆是牛津大学崇高学术声誉的象征。她是一个精心培育的传奇，在英国璀璨的文明中占有一席之地，足以与乡村别墅、皇家海军、议会和君主政体相媲美。

---

[1] 1880—1960，英国建筑师，其设计杂糅了哥特式传统与现代主义风格，使基于功能设计的建筑成为著名的地标。

左上图：用金箔绘在书架竖板上的旧的分类系统仍然可见。

右上图：通往评议会大厅（1634—1637）众多小隔间的楼梯栏杆的细部，评议会大厅上方建有"塞尔登角"。正是在这个大厅里，内战期间查理一世召开了一次议会会议。该大厅也是选举大学校长的地方。

本页图：博德利图书馆的三个古老的大厅保留了下来；它们的家具和布置都保持着原样。

第 144—147 页图："艺术角"，建于 1610 年至 1612 年。在右边，是一尊由一位未署名的艺术家所雕刻的托马斯·博德利爵士的上色大理石半身像，这尊雕像是由多塞特伯爵托马斯·萨克维尔送给这位图书馆创始人的，当时他已成为贵族。

英国

剑桥

## 三一学院雷恩图书馆
WREN LIBRARY, TRINITY COLLEGE

# 世界上最美最美的图书馆

英国建筑史上最伟大的历史学家之一尼古拉斯·佩夫斯纳（1902—1983）谈及三一学院图书馆时曾这样写道："图书馆的诞生对剑桥而言是一件出乎意料的事，本质上来说它并不属于古典建筑……它富丽堂皇，没有吹嘘炫耀，简单而安逸，结合了浪漫主义风格（细节上更加法兰西式而非意大利式，尽管隐约可见威尼斯圣索维诺图书馆的影子）。这让其他的一切看上去都繁复琐碎。"

为了理解这座图书馆在当时人们心中所激发的情感和崇拜，人们必须想象一下16世纪中叶的三一学院，它由国王亨利八世[1]合并两所更古老的学院——国王学堂和麦可学院后创立。那时，与剑桥大学的其他学院一样，三一学院由一群不和谐的建筑组成：不同的高度、或多或少的传统风格、不齐整的建筑线条和大胆的建筑衔接。如果说这些古老的石头散发着一种魅力，那么建筑内部则毫无疑问令人不悦，从学院院长和院士的强烈抱怨中便可得到证实。整个学院的照明都很差，大部分房间都通风不良，而且因地处康河[2]河谷而长期受到湿气的困扰。现存的图书馆建于1600年，是这些缺陷的集大成者。要不是不那么重要的图书馆被安排到一个较偏远的三层，谁敢说如此之差的质量能保证它的墙壁在1670年不会在书的重压下倒塌？1673年，一个有胆有识的院长——神学家、数学家和实验哲学的支持者伊萨克·巴罗博士[3]终于被任命。对他而言，图书馆是当务之急。老房子随时有倒塌的危险，而且屋顶不久前也着火了。三一学院的学术声望受到来自其他已经拥有著名图书馆的学院的质疑。其中便有圣约翰学院，它于1620年建造了一座宏伟的图书馆。经过长时间的讨论，巴罗让那些被他视为胆小怯懦的委员会成员们都感到惊慌，他自信满满地决定在剑桥建造最大、最美的图书馆。不幸的是，三一学院当时正处于财政困难时期。它的收入主要依赖于国王赠予的从天主教女修道院征收的农产品收益，然而这些年来农场的收成并不好。于是发起了一项主要面向三一学院毕业生的公众倡议，这些毕业生收到了一封包含拟建项目的征询信；这有点像今天的直邮宣传。为了让毕业生们资助一个需要花费20年时间的建设工程，必须重复发送几次，同时承诺可以展示主要捐赠者的家族盾徽，甚至在阅览室里放置他们的半身像或全身像。

巴罗邀请克里斯托弗·雷恩设计规划新图书馆。巴罗结交的这位国王御用建筑师当时正埋头于1666年伦敦特大火灾之后的重建工作。雷恩被任命给这座城市做规划，并且建造52座教堂和圣保罗大教堂。这看上去着实令人惊讶——就像勒·柯布西耶[4]或安藤忠雄[5]一样，雷恩并不是一个科班出身的建筑师。他是一名数学家，也在伦敦和牛津担任天文学讲席教授，有次碰巧被叫到牛津解决一座大型剧院的屋顶问题。他成功地提出了一个巧妙的解决办法，从此将他推向了建筑领域。不同于同

---

1　1491—1547，都铎王朝第二任国王，1509年至1547年在位，在位期间推行宗教改革，积极鼓励人文主义研究。

2　英格兰东部大乌兹河的一条支流，流经剑桥，全长约64千米。

3　1630—1677，英国知名数学家，著有《光学讲义》《几何学讲义》等书，其中《几何学讲义》一书包含了他对无穷小分析的卓越贡献，为微积分的发现奠定了基础。

4　1887—1965，法国建筑师、室内设计师、雕塑家、画家，是20世纪最重要的建筑师之一，被称为"功能主义建筑之父"。

5　1941—　，日本建筑师，是当今最为活跃、最具影响力的世界建筑大师之一。

时代的许多建筑师,他没有去过意大利,因此只能通过学生的雕刻和浮雕来了解古代的作品。1665 至 1666 年间他前往巴黎,这也是他唯一的一次出国旅行,在那里他被马扎林宫和路易斯·勒沃的四国学院规划深深吸引,四国学院也将是日后马扎林图书馆的所在地。与此同时,巴罗也刚从意大利回来,在威尼斯他参观了由桑索维诺[1]建造的比圣马可广场还要早一个世纪的图书馆,还参观了由维琴察[2]的帕拉迪奥[3]设计的宫殿和公共建筑,以及佛罗伦萨米开朗基罗[4]设计的劳伦森图书馆。巴罗带回来的版画毫无疑问影响了雷恩,他所面对的是一个全新的项目。初步方案的选址占据了纳维尔庭院的西边。庭院四周环绕着主要建于 16 世纪末和 17 世纪初的建筑,可通向乡间和康河。雷恩首先在庭院中央规划了一个拥有巨大穹顶的圆形图书馆,但后来又决定修建一个长长的建筑,将纳维尔庭院彻底变成了一个封闭的"方庭",这是英国大学里备受推崇的样式。图书馆于 1676 年开工,1686 年完工,但由于内部装修时间比预计的要长,而且开销也超出了预算,因此直到 1695 年才开始上架图书。

  建筑呈长方形,尽管它的东、西立面截然不同(西立面朝向乡间),但都呈现出一种高贵、古典的风格。巨大的阅览室贯穿整座建筑,并由位于同一水平地面的明拱支撑。这种安排几乎完全隐藏了雷恩巧妙构思的双重解决方案,也是建筑的创意特征。首先,由于陆地与河流的界限并不十分固定,门拱是倒立着的,也就是说真正的门拱是在地下,门拱的柱子上升到顶部,每一个上面又各有一个拱门。如此一来,建筑师就可以保证其建筑的稳固,并且由于将房间从地平面抬高了几码[5]或几米,大大降低了湿度对书籍的影响。其次,正面的拱券与横梁之间的部分被填平,因为阅览室的地面并不像人们所想的那样附于拱券上。相反,地面已被降低到拱券和横梁的底部。所以,实际上是拱券同时支撑着墙壁和屋顶,而一行隐藏在两排外拱之间的石柱则支撑着房间的地面。这种深思熟虑的设计使书架上方的 24 扇巨大凸窗得以打开(11 扇俯瞰庭院,13 扇俯瞰花园)。即使在剑桥郡最灰暗和多雨的日子里,这些窗户也能保证读者有良好的照明。较低的拱柱檐口的古典式样是仿照多利克柱式,而凸窗的柱子则是仿照爱奥尼柱式。

  建筑内部印证了建筑师的"功能主义"愿景,这与雷恩在德国、奥地利和意大利的同时代人和后继者们相去甚远,他们全然陷入了对巴洛克空间繁复设计的欢愉中。广阔而一览无余的大厅有 190 英尺(约 58 米)长,39 英尺 3 英寸(约 12 米)宽,37 英尺 5 英寸(约 11.4 米)高,垂直于墙壁的巨大书架在大厅的两侧各形成了 11 个凹室。每一个凹室的三个方向上摆放着书架和封闭的橱柜,在中间雷恩放置了一张带有可旋转书台的厚重桌子,让读者一次可以同时翻阅几本书。如他所言,他是被枢机主教马扎林的图书馆"阳刚之气的家具"深深吸引才设计了这种桌子和结实的凳子。地面是黑白棋盘

---

[1] 即雅各布·桑索维诺,意大利雕刻家、建筑师,是威尼斯鼎盛时期文艺复兴建筑的主要代表人物,其代表作有圣马可广场的大钟楼敞廊和图书馆,以及科尔内尔宫。
[2] 意大利东北部城市。
[3] 1508—1580,文艺复兴时期意大利威尼斯共和国建筑理论家、建筑师。
[4] 1475—1564,意大利文艺复兴时期伟大的画家、雕塑家、建筑师和诗人,文艺复兴时期雕塑艺术最高成就的代表。

[5] 1 码=3 英尺。

式的大理石地板，用来降低脚步的噪音，而凹室里则铺着木地板，以获得更大的舒适感。如今看到的藻井是其最初的设计，但直到19世纪中叶才被安装上去。至于装饰，雷恩建议在每个书架上放置一个雕像。"这将是一种非常高贵的装饰；它们将会用石膏材质，并由佛兰德艺术家制作，代价很小。"但仍被认为太贵了，所以最终未能实现，而在18世纪的时候被捐赠者、院士、思想家和学者的大理石半身像取代。1774年，一个备受诟病的添建项目落成。尽管雷恩想要一个被日光均匀照亮的空间，但却在朝南的大凸窗上安置了一面由吉安·巴蒂斯塔·西普利亚尼[1]设计的巨型平面彩色玻璃。在一个古怪而过时的拼贴中，它描绘了一个据说是学院缪斯女神的彪悍女人正拽着艾萨克·牛顿[2]，要把他带到国王乔治三世[3]面前，而弗朗西斯·培根[4]则在一旁默默看着。在一个由黑、白和深橡木色构成的世界，这是唯一突兀的彩色，真可以说是对英国最伟大建筑师之一的设计造成了绝无仅有的破坏。1845年，托瓦尔森[5]受托为拜伦勋爵坟墓制作的一尊气宇轩昂的雕像被安装在大厅的尽头。

今天，三一学院是剑桥最大的学院，而它的图书馆则更为重要。当初雷恩的设想是藏书30,000册——在17世纪这已是天文数字，而图书馆现在的藏书则超过了300,000册。它的历史，还有来自不论知名与否的毕业生和院士的慷慨捐赠奠定了它的收藏。它的馆藏包括了1,250份中世纪手写本，其中有可以追溯到12世纪的《埃德温诗集》（Eadwine Psalter）和13世纪的《圣三一启示录》（Apocalypse of the Trinity）；1500年以前的750种古籍；卡佩尔收藏的莎士比亚文档；来自艾萨克·牛顿图书馆的藏书；70,000件1800年以前的印刷品；一批现代手稿，其中包括伯特兰·罗素[6]的文稿、路德维希·维特根斯坦[7]的个人档案；当然，还有那些讲述了12世纪初以来英国宗教和思想史的让人着迷的学院档案。

克里斯托弗·雷恩爵士设计的图书馆是古典英式建筑的巅峰之作之一。经过几个世纪的"民族"风格尝试——盎格鲁—撒克逊、诺曼、早期哥特、垂直哥特、都铎，还有詹姆士风格——英国的建筑师们一度转向了意大利和法国，但并没有放弃他们对复古折中主义的自然倾向，这一倾向曾在19世纪达到顶峰。令人惊讶的是，比如，在1681年至1682年建造三一学院图书馆的同时，雷恩还在牛津建造了一扇哥特式的大门。雷恩、韦伯[8]、塔尔曼[9]和范布勒[10]的古典主义风格很快便在一种新的风格面前黯然失色。这种新风格受到了帕拉迪奥、维特鲁威[11]和建筑大师伊尼戈·琼斯[12]作品的启发。尽管如此，雷恩图书馆作为一件阳刚优雅、严谨细致的功能主义杰作，仍是近代欧洲第一批伟大的图书馆之一。

---

1　1727—1785，意大利画家、雕刻师。
2　1643—1727，英国皇家学会会长，物理学家、数学家、天文学家，提出了万有引力定律和牛顿三大定律，建立起一个完整的理论力学体系。
3　1738—1820，英国汉诺威王朝第三位国王，1760年至1820年在位。
4　1561—1626，英国著名哲学家、政治家、科学家、法学家、演说家和散文家。
5　即巴特尔·托瓦尔森，1770—1844，享有国际声誉的丹麦雕塑家。
6　1872—1970，英国声誉卓著、影响深远的哲学家、数学家、逻辑学家和散文家。
7　1889—1951，现代语言哲学奠基人，主张哲学的本质就是语言，语言是人类思想的表达，哲学的本质只能在语言中寻找。
8　即约翰·韦伯，1611—1672，英国建筑师、学者，兰伯特大厅的设计者。
9　即威廉·塔尔曼，1650—1719，英国建筑师和景观设计师，查兹沃斯庄园的设计者。
10　即约翰·范布勒，1664—1726，英国建筑师和剧作家，霍华德城堡和布伦海姆宫殿的设计者。
11　约前80—约前25年，古罗马建筑师、工程师、作家。
12　1573—1652，英国古典主义建筑师，把意大利文艺复兴时期的建筑风格带到英国。

1749年至1766年间,许多著名的学生和对学院特别慷慨的人的大理石半身像或被购买,或被捐赠。大多数雕像是法国雕塑家路易斯·弗朗索瓦·鲁比亚克[1]的作品。

虽然只有四座大理石半身像是最初设计的,但如今的收藏在19世纪30年代得到了扩充,取代了雷恩曾经想要安放却由于资金缺乏而未委托雕塑家创作的石膏半身像。

---

1　1695年生于里昂,1762年卒于伦敦。活跃于英国的法国雕塑家,伦敦四大最著名的洛可可雕塑家之一。

拜伦勋爵是三一学院的学生,虽然他对三一学院并不怎么关心。在他去世后,一群朋友将他的这尊雕像委托给丹麦雕刻家托瓦尔森,意欲将其安放在威斯敏斯特教堂的"诗人角",但被拒绝了。同样也被三一学院的教堂拒绝。半身像就这样徘徊着,直到大约1845年被安放在图书馆。

英国

曼彻斯特

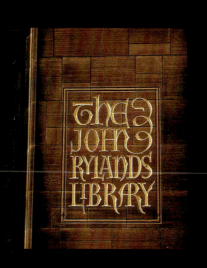

约翰·瑞兰德图书馆

THE JOHN RYLANDS LIBRARY

如果说修道院和大学图书馆的历史似乎看起来都千篇一律，那么曼彻斯特的约翰·瑞兰德图书馆就果断地打破了这种范式。救赎之路神秘而又充满惊喜，即便对于珍贵的书也不例外。

1843年出生于哈瓦那的恩里克塔·奥古斯蒂娜·田纳特出身平凡，她在1865年被约翰·瑞兰德[1]雇佣为秘书。瑞兰德两度丧妻且膝下无子，他在晚年确确实实地为自己的秘书的高尚道德所吸引。1875年，在他74岁的时候，这位棉花大亨迎娶了自己的秘书。约翰·瑞兰德是一家拥有12,000名员工的公司掌门人，也是英国最富有的商人之一。尽管如此，这对夫妇却在离曼彻斯特不远的朗福德庄园里过着简朴的生活，当时的曼彻斯特还是一个非常不健康、污染严重的工业城市。他们二人是虔诚的循道宗教徒[2]，约翰·瑞兰德自掏腰包资助了一种圣经的出版和发行，其中每一段都被编号以方便查阅。当他1888年去世的时候，留给妻子差不多260万英镑，这在当时可是一笔不小的数目。他的遗孀对奢侈的或上流社会的生活没有太大的兴趣，于是便决定为丈夫建造一个有价值的独特的纪念碑——一座能存放他们的非圣公会（non-conformist）神学著作的图书馆。毫无疑问，恩里克塔·瑞兰德是一个了不起的女人。她孤独、富有、聪明，没有受过高等教育，却用几年的时间设法建成了英国最美的私人图书馆之一，并且积累了20世纪早期最引人注目的图书收藏。

她很快便选好了土地（就在市中心）和建筑师。对于那个时代一个非常务实的女性，以及一个神学图书馆而言，维多利亚时代非圣公会的审美只能构想出一种哥特风格，或者更确切地说是一种新哥特风格。约翰·瑞兰德图书馆实际上是这种风格最后的典范之一，维多利亚时代的建筑师们似乎已经穷尽了所有的可能性。被选定为建筑师的巴兹尔·钱普尼斯[3]，后来成为巴兹尔爵士，便是那些创作了英格兰建筑形象的熟练、优雅、博采众长的英国实践者的最后一代。瑞兰德夫人对建筑师在剑桥大学纽纳姆学院所采用的迷人的安妮女王风格[4]，以及在牛津大学曼斯菲尔德学院所采用的现代化的哥特式修道院风格大为赞赏，因而毅然决然地要联系他。

如果说建筑的正面让人想起一座被锯掉塔楼的小教堂，那么它与宗教建筑的类比还远没有结束。例如，大阅览室让人联想到一个巨大的教堂中殿，两侧尽头是纪念性的彩色玻璃嵌板。人们进入时会通过一个宏伟、虽说有些陡的楼梯，这座楼梯架设在一个集合了肋拱顶（ribbed vaults）、尖顶拱（ogive arches）、小拱廊（arcatures）、呈扇形展开的圆锥形拱顶和天窗的组合体之下。在那个金属结构早已普及的时代，它是维多利亚时代的石匠们经久不衰的智慧的强有力例证。

在这里，钱普尼斯维护了他追求极致的声誉。对最细微处的关注使这座图书馆成为19世纪英国官方和私人建筑所达到的尽善尽美的最佳典范之一。在瑞兰德

---

[1] 1801—1888，英国企业家、慈善家，英国最大纺织加工厂的老板，也是曼彻斯特第一个百万富翁。
[2] 遵循约翰·卫斯理教义，强调道德生活和严守律法。
[3] 1842—1935，建筑师、作家。
[4] 安妮女王统治时期（1702—1714）的英国巴洛克建筑风格以及在19世纪末20世纪初再次复兴的式样风格，由英国当地建造者设计，以精致而简约著称。

夫人的支持下，他开始寻找最上乘的材料和最现代的技术——与已经过时的建筑外观带给人们的预期相反，最现代的技术可以确保建筑及其收藏的长久。这栋建筑综合体是用灰色和粉色"肖克"（shawk）建造的，这是一种产自英国英格兰西北部坎布里亚郡的格外坚硬的砂岩，之所以选用它是因为它可以抵御污染。所有的木制品都是用波兰橡木做的，这是当时能够找到的最好的木材。作为当时一项革命性的进步，所有的房间被一台发电机所产生的电力照亮。这种现代化的选择为读者提供了高质量的照明，同时消除了气体照明的缺点，如各种类型的污染、气味和火灾隐患。电缆通过铜管连通，以此来降低短路的风险。更妙的是，图书馆得益于一种空调：窗户不用打开，新鲜的空气便可通过木炭过滤器加湿和加热后，沿着通风管道进入不同房间。这一切都是为了减少可怕的城市污染对书籍的影响。

图书馆的装饰跟建筑比起来更加博采众长。紫铜和黄铜的灯具和台灯是新艺术派[1]，镶板则是一种哥特式的、近乎手工艺[2]的风格。在阅览室尽头的查尔斯·艾玛·肯普[3]彩色玻璃之下，分别矗立着一座由卡西迪[4]创作的约翰·瑞兰德和恩里克塔·瑞兰德夫妇的现代大理石雕像。环绕整个大厅的上层展厅陈列着历史、宗教、文学、科学和出版领域伟大人物的砂岩雕像。读者可以使用舒适的凹室。光线透过凸窗的大平面玻璃照亮了凹室。

豪华却朴素，新哥特却现代，约翰·瑞兰德图书馆经过十年的建设，花费超过 50 万英镑，于 1900 年 1 月 1 日正式向读者开放。如果说并非所有人都对其建筑充满热情，但对其收藏就不一样了，书迷们迫不及待地想一探究竟。

1890 年以后，恩里克塔·瑞兰德极大地丰富了她丈夫的收藏，这些藏品主要集中在非圣公会神学，也即非英国国教（non-Anglican），当然也包括了非天主教的著作。她让圣教传单社[5]秘书格林博士负责新的采购。在 1892 年的一次伦敦之行中，格林博士得知斯宾塞伯爵住所奥尔索普[6]的图书馆正在出售。几天之后，瑞兰德夫人出价 21 万英镑将其收购。这座图书馆是英国最负盛名的藏书地之一。前英国海军大臣和内政大臣乔治·约翰[7]是第二代斯宾塞伯爵（威尔士王妃戴安娜的祖先），他积累了大量令人惊叹的收藏。他买下了整个匈牙利的图书馆，并从法国大革命散佚的享有盛誉的收藏中得益，同时还是英国首家出版商威廉·卡克斯顿（1422—1491）的出版物专家。他拥有许多罕见的藏品，包括一本《古登堡圣经》[8]，维吉尔的一部 1467 年出版的作品，贺拉斯[9]的一部可追溯到 1474 年出版的作品，78 种西塞罗的古籍，以及卡克斯顿出版的大约 50 本书。在 1836 年伯爵去世的时候，他的图书馆里藏有不少于 4 万册的藏书，被杰出的巴黎商人雷努阿誉为"欧洲最好的私人图书馆"。

---

1 流行于19世纪末的欧美装饰艺术风格。
2 特指19世纪末英国工艺美术运动中的手工艺。
3 1837—1907，维多利亚时代的设计师和彩色玻璃制造商。
4 即约翰·卡西迪，1860—1939，爱尔兰雕塑家和画家。
5 一家成立于1799年，主要以出版布道所用基督教文学的英国出版商。
6 英国第一等的乡村大宅，位于英国北安普敦郡达文区，被英国的豪门望族斯宾塞家族拥有长达五百余年。
7 1758—1834，英国辉格党政治家，曾在1806至1807年出任贤能内阁的内政大臣。
8 也称作四十二行圣经，西方第一本以活字印刷术出版的书。
9 前65—前8，罗马帝国奥古斯都时代著名的诗人、批评家、翻译家，代表作有《诗艺》等，是古罗马文学"黄金时代"的代表人之一。

大英帝国还是另一个著名的私人图书馆——第25任克劳福德伯爵、第8任巴尔卡雷斯伯爵亚历山大·威廉·克劳福德·林赛[1]图书馆的所在地。很久之前，他就开始迷恋书籍，并且为他的图书馆设定了目标："并非只是藏书爱好者堆在一起未经整理的收藏，而是一个拥有卓越品质的图书馆，包含所有文学领域中最实用、最有趣的新旧图书。"他曾在家族财富最鼎盛的时候，在欧洲乃至中国和日本进行了大量的购买。他收藏了关于法国革命和美国革命的珍贵历史文献，买下了鲍格才家族[2]收藏的教皇诏书，还有大量的法尤姆古文稿[3]。这些珍宝源源不断地汇集到海格庄园[4]的宅邸，直到农业收入危机才迫使他第一次舍弃一些有价值的收藏。后来，1901年，他又舍弃了大部分收藏。没有任何迟疑和商量，瑞兰德夫人凭借一份粗略的描述（663份西方手写本，2,425份东方手写本，464份中国手写本，231份日本手写本，等等）便决定花费155,000英镑从他手中买下这些收藏——藏品描述之所以粗略，是因为克劳福德家族从来没有制作过一份详细的目录。1924年，第25任伯爵将其大部分有关法国大革命的史料文献、教皇诏书，还有一页《约翰福音》[5]手写本以出借的形式存放在约翰·瑞兰德图书馆。

在1908年恩里克塔去世的时候，图书馆拥有超过5万册的高品质收藏。在之后的几年中，由于遗产捐赠，图书馆获得了80,000部作品和3,000份手写本，于是便有了主楼后面的一个附属建筑。然而此后不久，大萧条和第二次世界大战接踵而至，通货膨胀大大减少了瑞兰德基金会的收益。1972年，董事会同意约翰·瑞兰德图书馆与曼彻斯特大学图书馆合并。

然而，故事并没有就此结束。1986年，由于创办约翰·瑞兰德研究所需要资金，该大学决定拍卖大约100件古籍。随之引发了激烈的争议——正如美国博物馆在出售藏品时偶尔发生的那样。一个有如此声望的机构会允许卖掉自己的珍藏吗？对于克劳福德的后人来说，答案是显而易见的。1988年，克劳福德的后人从曼彻斯特收回了其祖先租借出去的所有文件和作品，并将它们存放于苏格兰国家图书馆。

---

1 1812—1880，苏格兰贵族、艺术史学家和收藏家。
2 16—19世纪意大利名门贵族。
3 法尤姆是埃及北部城市，法尤姆省首府。莎草纸是一种理想的书写材料，古代埃及人的古文稿大量使用了莎草纸。
4 1827年至1840年由第7任巴尔卡雷斯伯爵詹姆斯·林赛所建，位于曼彻斯特的维根市，1947年以前这里一直是林赛家族的府邸。
5 新约圣经的第四部福音，也是四部福音中成书最晚的。

柔和的阳光照亮了位于廊台下、为研究人员预留或供查阅目录和开架图书的凹室。
约翰·瑞兰德图书馆是曼彻斯特第一批安装了电灯的建筑之一。

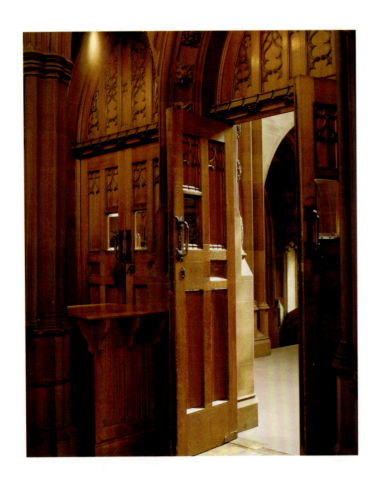 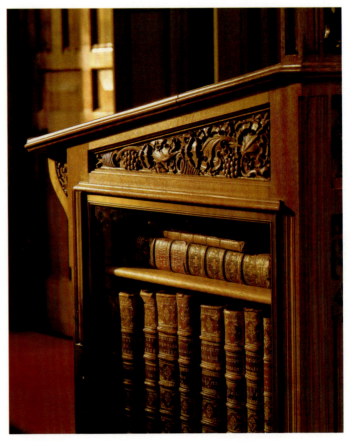

这座图书馆是维多利亚时代的木匠和木雕师的精湛技艺最后的伟大见证之一。木构件采用的是波兰橡木。

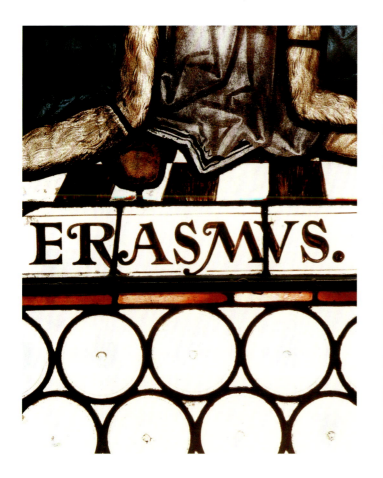

本页图：由查尔斯·艾玛·肯普（1837—1907）制造的窗户。他是当时最著名的玻璃制造商之一。由于无法进入修道会，他决定用一种从中世纪艺术中获得灵感的华丽的彩色玻璃窗来表达自己的信仰。

左页图：由爱尔兰雕塑家约翰·卡西迪（1860—1939）创作的约翰·瑞兰德大理石雕像。

本页图：大厅里的一个凹室。
右页图：如教堂一般的大阅览室景色。由约翰·卡西迪创作的约翰·瑞兰德和恩里克塔·瑞兰德的雕像分别矗立在房间两侧的尽头，遥遥相望。

# 爱尔兰
## 都柏林

## 三一学院图书馆
TRINITY COLLEGE LIBRARY

## 世界上最美最美的图书馆

在每年参观都柏林三一学院图书馆的50万游客中，大多数人都会慕名前来欣赏著名的福音书——《凯尔斯书》(Book of Kells)。这部作品被认为是"欧洲中世纪鼎盛时期流传下来的最杰出的书"（彼得·布朗语），曾令博学的威尔士人吉拉德·坎伯兰斯[1]无比着迷，他在12世纪末写道："你可以相信这是天使而非凡人的杰作。"事实上，今天的参观者只能看到一个由瑞士制造，并于1990年由爱尔兰裔加拿大人捐赠给图书馆的高仿品，因为它的原件太过脆弱，仅对极少数的研究者开放。毋庸置疑，环境控制保险柜（climate-controlled strongbox）是人类伟大艺术品的最后安息之地。

1592年，三一学院由女王伊丽莎白一世创办，其用意很明显：在一个以天主教为主的国家宣扬"好的"宗教，即英国国教（Anglican Christianity）。尽管初衷可能并非是最好的，但三一学院依旧成为最负盛名的盎格鲁-撒克逊学院之一。此后不久，三一学院图书馆于1601年建成，最初只有30部印本书和10份手写本，但是很快便通过几次购买得到了扩充。然而，三一学院图书馆直到在詹姆斯·乌雪去世后收购了他的私人图书馆才获得了一些声誉。另外，同样也是乌雪——爱尔兰的大主教、学者和藏书家"发现"了《凯尔斯书》。但一个世纪之后，馆藏乱七八糟地堆放在一起，房间也让人感到极其不适（它们当初并未设计成如此用途），对图书馆的使用则大为减少。1709年，校方决定建造一栋新楼，但直到1733年才支付给一个名叫哈德逊的人70英镑去"整理"新书架上的书。这座图书馆的悠久历史在当时是非常典型的。当时启动了一项针对牛津和剑桥的众多图书馆（特别是雷恩图书馆）的深入比较研究，对诸如财务需求等问题进行了细致的分析。托马斯·伯格[2]是唯一生活在爱尔兰的杰出建筑师，因此他被毫不犹豫地委以重任。三一学院图书馆是他唯一的杰作。

正如雷恩因同样的原因（在一个公共建筑还没有供暖的年代，书籍要避免受潮）在剑桥所做的那样，伯格建造了一个没有任何特殊美感的长方形建筑，矗立在作为支架的巨大的双层拱廊之上。

宽敞的阅览室和保存室被称为"长屋"（Long Room），有209.25英尺（约63.8米）长，大约40英尺（约12.2米）宽，49英尺多一点高（约15米）。对于一个相当时尚且十分低调的图书馆来说，这是一个相当庞大的空间。为了存放大量的书籍，同时不致挡住来自窗外的光线，伯格设计了垂直于凸窗长墙的书架，从而在大厅两侧形成了连续的20个凹室，或者说小隔间。每一个凹室里都放着几把长椅，还有一张用来翻阅书籍的斜面书桌。古老的雕刻让沐浴在阳光下的图书馆变得生动起来。事实上，图书馆的管理者直到1960年才认为有必要安装电灯。北侧的凹室被标记为从"A"到"W"，南侧的则被标记为从"AA"到"WW"；在二层，一侧被标为从"a"到"o"（或更多），而在另一侧则被标为从"aa"到"oo"。每本书都被相应地标上了字母。这个系统一直沿用到1830年。

---

[1] 1146—1223，英国威尔士布雷肯副督学，历史学家。

[2] 1670—1730，爱尔兰军事工程师、建筑师，也是爱尔兰议会成员。

# 三一学院图书馆

1801年，图书馆的命运发生了重大变化。当时，伦敦的英国议会给所有在不列颠群岛出版的书建立了一套版权制度，而三一学院图书馆是接收缴存本的图书馆之一。在存放的图书超过设计容量后，每年仍有1,000到2,000本著作送达。当时图书馆采取了一些权宜之计，包括一些罕见的堆叠方案，但1856年的一份关于大楼屋顶强度的报告令人担忧，迫使管理者采取紧急行动。在集思广益后，建筑师迪恩[1]和伍德沃德[2]建议去掉原来的平顶天花板和线饰以获得天花板与屋顶之间的空间，并建造了一个木制的筒形拱顶，从而为大厅开辟出相当可观的高度。这一方案被迅速付诸实施，在当时受到了图书馆董事们的极大批评。然而在今天，拱顶备受赞誉，大多数人都没有意识到它的历史居然可以追溯到19世纪。这些重要的修复（隐藏在底层拱廊后面的非实心的中央立柱需要加固，并很快被填充）让图书馆藏品的数量增加了86,000册。三一学院自始至终见证了国家图书馆应对版权制度所带来的新出版物的持续增长所进行的无休止的斗争。1963年至1967年建设了重大扩建工程，在此之前，这些不断增加的书被送往大学里的其他建筑。如今，长屋里只存放那些很少有人翻阅的旧书。即便如此，它在图书馆历史上的地位仍举足轻重，因为它具有划时代的意义——为学生探寻知识而建造，而非为了上帝的声望或至高荣耀。

《凯尔斯书》或许是最出名的，但并不是三一学院唯一的珍藏。除了所收藏的埃及古抄本，有关爱尔兰历史的文件、约翰·辛格、叶芝[3]、塞缪尔·贝克特[4]的手稿，以及数不胜数的古代作品，图书馆还有7份可追溯到6世纪到9世纪的手稿：《杜罗之书》（Book of Durrow），一部极品书法杰作；《迪马之书》（Book of Dimma），在过去将福音（Good Word）带给体弱多病的人；《摩林之书》（Book of Moiling），一本近来重新整理的福音书；《阿马之书》（Book of Armagh），爱尔兰所发现的最古老的新约全书；《尤塞里阿纳斯主教》（Usserianus Primus），毫无疑问是由那些在欧洲旅行的修士们完成的；以及在一种硬如牛角的羊皮纸上进行书写和装饰的《尤塞里阿纳斯·塞古都斯》（Usserianus Secundus）。《凯尔斯书》的故事是最出名的，但却是以牺牲准确性为代价的。在很长一段时间里，它一直被认为是由阿尔斯特[5]王子圣高隆（521—597）所作，他的一生都在抄写和布道福音。他为了抄写福音，在没有得到允许后公然违抗国王，然后在苏格兰的爱奥那岛上避难。在他的影响下，这里成为凯尔特基督教的圣地之一。

后来，在被维京人多次袭击后，圣高隆离开了爱奥那岛并前往都柏林西北部的凯尔斯，后来手稿一直保存在那里直到被大主教乌雪收购。但是现在我们知道，这本书大概是在圣高隆去世后很久，大约公元800年左右才出版的。所以它成为一个传说。但是，当这部伟大的作品完成的时候，那些精美的图像、优雅的笔迹仍被视为这一时期的抄本和插图中最值得称赞的典范之一。

---

1　即托马斯·纽曼·迪思，1828—1899，爱尔兰建筑师。
2　即本杰明·伍德沃德，1816—1861，爱尔兰建筑师。
3　即威廉·叶芝，1865—1939，爱尔兰诗人、剧作家、神秘主义者，爱尔兰凯尔特复兴运动的领袖，艾比剧院的创办人之一。
4　1906—1989，爱尔兰作家，法国荒诞派剧作家的主要代表之一，曾获得1969年诺贝尔文学奖。
5　爱尔兰北部地区的旧称。

本页图:自1726年开始,大理石半身像就被安放在一层和展厅的每个凹室入口。这些由当时知名的雕塑家如鲁比亚克、凡·诺斯特[1]、施马克[2]雕刻的半身像有哲学家、诗人、历史学家,还有日益增多的捐赠人和大学教授。

第175—177页图:长屋和它两层的凹室被透过凸窗照进来的阳光照亮。1861年,筒形拱顶取代了原来的平顶天花板。

---

1　佛兰德雕塑家,17世纪下半叶开始前往英国工作,1729年去世。
2　即彼得·施马克,1691—1781,佛兰德雕塑家。他在伦敦的公共建筑和教堂中的古典主义雕塑对整个雕塑的发展产生了重要影响。

# 捷克国家图书馆
THE NATIONAL LIBRARY of THE CZECH REPUBLIC

历史上，宗教教会经常受到世俗力量的影响而偏离了其精神宗旨，对世俗力量的担忧有时甚至暂时取代了对天主教会的忧虑。这刚好发生在1556年，当时波西米亚国王斐迪南一世[1]将布拉格伏尔塔瓦河畔的圣克勉[2]多明我会[3]修道院的遗址赠予耶稣修士[4]。事情的真相是，他需要用宗教的斗争精神来限制布拉格大学的影响，后者对于新教思想和当地贵族的权力过于开放。胡斯派[5]的异端邪说仍然盛行，哈布斯堡王朝开始了剧烈的德意志化，其所辖的波西米亚王国也开始改信天主教。耶稣修士得到了所有必要的支持，其权力达到了空前的程度：1622年接管了大学的行政管理权，1653年开始建设克莱门特大学，其最初的构想仅仅是建成一座学院，毗邻1601年建成的救主堂（Church of Our Savior）。三座教堂和三十多座房屋被夷为平地，以便给新建筑腾出空间。意大利建筑师卡洛·卢拉戈[6]接手了这个项目，之后又转给了他的同事弗朗西斯科·加拉迪[7]，后者尤其擅长巴洛克风格，这种风格集中体现在巨大的切宁宫[8]上，在那里重复的建筑样式无限延伸。在一个世纪的时间里，捷克和意大利的8位建筑师一个接一个地在布拉格建起了继城堡区[9]之后最大的建筑群。

克莱门特是一座大学综合体，在当时是很实用的。它紧邻查尔斯桥，布局在一个5英亩（2公顷）的规整的长方形地块上。场地被分成了四个长方形的庭院，周围环绕着长长的建筑，间有钟楼、巨大的入口，还有收藏了第谷·布拉赫[10]的天文仪器的瞭望塔。图书馆位于之前的耶稣会学院中，由弗兰蒂泽克·坎卡[11]于1721年至1727年间所建，是布拉格巴洛克建筑最杰出的作品之一。尽管经历了波西米亚的盛衰变迁，以及后来的捷克历史，图书馆依然全部保留了它18世纪初建时的壮丽辉煌。由耶稣修士收藏的书重新以白色封面装订，标题以红色凸印，汇集了除捷克语之外所有语言写就的神学著作，收藏令人惊叹。缠绕的木柱，大厅的四周是交替出现的凹室和凸室，镀金铁栏杆、金色大写字母和地球仪装置，与马赛克大理石地板融为一种装饰性格调，营造出一种优雅和谐的氛围。人们的目光被天花板上约翰·希贝尔[12]的视觉陷阱[13]杰作所吸引，这位艺术家在多克塞尼[14]的修道院城堡里创作了令人惊叹的湿壁画。图解作品包含了三个层次。窗洞里复制了切萨雷·里帕[15]在罗马所作的《图像谱》（*Iconologia*）中的图案，它使用了326个各种主题的象征符号，比如四种元素[16]、美德和智

---

1　1503—1564，哈布斯堡王朝的奥地利大公，1526年开始成为匈牙利和波西米亚国王，1556年成为神圣罗马帝国皇帝。
2　罗马天主教的第四任教皇，88年到99年在位，早期的五位使徒教父之一。
3　天主教托钵修会之一，修士均披黑色斗篷，因此被称为"黑衣骑士"。
4　天主教修会之一，强调对教皇的绝对服从。
5　由捷克基督教思想家、哲学家、改革家扬·胡斯（1371—1415）发起的宗教改革运动，成为欧洲宗教改革的先驱，因否认教皇的权威而被天主教会在1415年康士坦斯大公会议（Council of Constance）上宣判为异端。
6　1615—1684，活跃在布拉格的意大利建筑师。
7　约1615—1679，活跃在波西米亚和摩拉维亚的意大利建筑师。
8　布拉格市中心最大的巴洛克建筑之一，得名于奥地利外交官切宁伯爵。
9　环绕布拉格城堡（世界上最大的城堡）的一个区；该区大部分地方坐落着高贵而古老的宫殿。
10　1546—1601，丹麦天文学家和占星学家。
11　1674—1766，捷克建筑师和建造者。
12　1681—1755，活跃在布拉格的德意志画家。
13　一种绘画技巧，使二维的画给人以极度真实的三维感。
14　位于捷克共和国斯特纳德拉姆地区的一个村庄和行政区。
15　约1560—约1623，意大利图像学家。
16　即土、气、水、火，古希腊人认为世界万物由这四种元素构成。

慧。位于中间一层或者说大厅层的是著名耶稣修士的肖像。但是毫无疑问，最吸引眼球的还是天花板。这便是第三层的印象，在虚构的阳台上站满了各色人物，表现出教堂的生活。正中央的部分，在一个虚构的穹顶之下供奉着圣言语篇的冥想，两侧各有一个巨幅绘画：北面是七个缪斯；南面是耶稣显圣容[1]，摩西和伊莱分列两旁。其目的是展现远古的智慧是如何引领圣经的先知得到知识和天主教的教义。地面上展示的是在克莱门特大学制造和组装的地球仪和星球仪，让天空和地球触手可及。

图书馆由耶稣修士经营了仅仅半个世纪。1773年，随着教皇对耶稣会的镇压，耶稣修士将克莱门特学院留给了大学，而玛丽亚·特蕾西亚女王[2]保护下的图书馆也变成了帝国—皇家公共和大学图书馆（Imperial-Royal Public and University Library）。尽管名字变更了很多次——最终在1990年成为捷克国家图书馆——但它一直保留着同样的功能，直到今天。

今天，巴洛克大厅只展示了其收藏中的很小一部分，图书馆有大约600万册馆藏，并且每年还在以超过8万册的速度增加，其中部分原因是版权制度所规定的呈缴本。颇有几分自命不凡的是，图书馆声称其历史可以追溯到1366年，即大学图书馆成立的那一年，这使它成为欧洲最古老的国家图书馆。虽然图书馆的历史收藏主要集中在波西米亚史方面，但也有大量的东方和希腊手写本（写在莎草纸上的），还有在大学成立那一年查理四世[3]授予的手写本。其中包括《1085维谢赫拉德抄本》[4]，在波西米亚首位国王弗拉季斯拉夫二世[5]加冕时抄写，还有在圣乔治修道院的缮写室重新抄写并以泥金装饰的《女修道院院长昆尼贡德的圣徒受难记》[6]，这部作品同样被放在布拉格城堡里。在这里还可以看到第谷·布拉赫私人图书馆的一部分，以及像金斯基[7]和洛布科维茨[8]私人图书馆那样伟大的十七八世纪的图书馆。音乐部重现了布拉格音乐世家的非凡光芒。特别是其中还有无比丰富的莫扎特收藏。许多名人读者经常造访图书馆——20世纪的托马斯·马萨里克[9]、爱德华·贝奈斯[10]和瓦茨拉夫·哈维尔[11]——这里始终并将一如既往地在理解中欧文化和宗教历史中扮演重要角色，同时也是巴洛克风格巅峰时期的杰出见证。

---

1 新约圣经记载，耶稣在大博尔山开始发光，显示出神的容貌。
2 1717—1780，哈布斯堡王朝历史上唯一的女性统治者，也是哈布斯堡王朝的末代君主。
3 1316—1378，神圣罗马帝国皇帝，1355年至1378年在位，他的统治时期是中世纪捷克最为强盛的时代。
4 也被称为国王的加冕福音，是11世纪末的泥金饰罗马式的福音书，被认为是波西米亚保存的最重要、也最珍贵的手稿。
5 首任波西米亚国王，由神圣罗马帝国皇帝亨利四世颁授，1085年至1092年在位。
6 布拉格本笃会女修道院院长、波西米亚的昆尼贡德委托的泥金饰拉丁文手写本，是一部有关耶稣受难主题的神秘故事集。
7 起源于波西米亚王国的捷克贵族。在三十年战争期间，在哈布斯堡王朝的统治下，该家族从小贵族晋升为伯爵乃至亲王。这个家族被认为是奥匈帝国最杰出的家族之一。
8 起源于14世纪的捷克贵族，是波西米亚最古老的贵族之一。
9 1850—1937，捷克斯洛伐克首任总统。
10 1884—1948，捷克斯洛伐克开国元勋之一，历任捷克斯洛伐克外交部长、总理和总统。
11 1936—2011，捷克作家及剧作家，1993年至2003年间担任捷克共和国总统。

世界上最美最美的图书馆

第 182—184 页图：雕塑、绘画、木作、灰泥、锻铁，还有镀金的木头——所有这些高雅艺术与实用艺术结合在一起，共同营造出一种奢华的格调。这种氛围弥漫在每一个角落。

本页图和左页图：主厅，如今辟为博物馆，保存着最为珍贵的作品，还有可追溯到 16 和 17 世纪的地球仪。

本页图：由约翰·希贝尔创作的令人惊叹的湿壁画吸引人们的目光向上望去，混淆了（足以让人印象深刻的）大厅的真实尺度。前景中摆放着一个制作于1724年的世界地球仪。

右页图：一个铁皮做的世界地球仪；它是卡什帕·普夫列戈——一位耶稣修士和克莱门特大学数学教授的作品。这件由一个隐藏在支架里的机械驱动的自转星球仪于1727年赠予图书馆。

# 西班牙

圣洛伦索·德尔·埃斯科里亚尔

## 埃斯科里亚尔皇家修道院图书馆
THE LIBRARY OF THE ROYAL MONASTERY OF EL ESCORIAL

两位法国国王——弗朗索瓦一世[1]和亨利二世[2]在1519年发动了一场长达七年之久的战争,这是对"奥地利过分扩张"的反击(皮·得·瓦伊斯埃里[P. de Vaissiere]语),结果弄得两败俱伤。1557年圣康坦一役的完败缔结了《卡托－康布雷西和约》(Treaty of Cateau-Cambresis),敲响了法国妄图统治意大利的丧钟。这场始于抵抗神圣罗马帝国皇帝查理五世的战争,让查理五世的儿子菲利普二世[3]大获全胜。菲利普二世继承了他父亲的全部财产,挽救了奥地利。为了纪念这场胜利,虔诚的菲利普二世决定为胜利守护神圣劳伦斯修建一座修道院。

由此便诞生了埃尔·雷亚尔·莫纳斯特里奥·圣洛伦索·德尔·埃斯科里亚尔修道院(以下简称埃斯科里亚尔修道院)。许多年之后,国王希望修建一座有点像当时的佛罗伦萨和威尼斯那样的"公共"图书馆。当时颇负盛名的巴利亚多利德大学(University of Valladolid)成为图书馆的理想之地,近来刚刚发现卡斯蒂尔[4]的首都曾坐落其上。然而,国王偏爱中世纪风格的修道院图书馆,决定在未来的圣劳伦斯修道院中存放他的藏书。出乎所有人的意料,国王选择了一个偏远之地,即位于马德里北部瓜达拉玛山脚下的埃斯科里亚尔村庄,并将这个项目委托给一个只接受具有"贵族血统"(即没有任何犹太人或摩尔人血统的痕迹)的新修士且以圣歌合唱技艺而闻名的哲罗姆派修道院。书籍由修士们打理,并对"所有热衷于读书的文化人开放"。因为它离别的地方都太远了,当时看上去比现在看来要远得多,所以这种愿望并不现实,以至于诗人路易斯·德·莱昂[5]评论说:"这些书将是深埋地下的宝藏。"一直被西班牙人认为是世界第八大奇迹的埃斯科里亚尔修道院由胡安·包蒂斯塔·德·托莱多[6]设计,他曾是米开朗琪罗修建罗马圣彼德大教堂时的助手。据说修道院的设计象征了圣劳伦斯殉教时的烤架。1567年建筑师去世后,他的助手胡安·德·埃雷拉[7]成了御用建筑师。他完善了这一风格,借鉴了多立克[8]的意象,并将其进一步抽象,这标志着西班牙国家建筑的首次亮相。罕见的朴实无华,真正的宏伟壮丽,还有气势恢宏的体量,这座由浅色石头建造的皇家修道院占地超过11英亩(45,000平方米),并有不少于15座回廊、300个单人房间、86个楼梯、9个塔楼、14个入口大厅,还有1,200扇门。教堂于1586年投入使用,但整个工程直到1654年才最终完成。

国王的设计源自一种人文主义精神。对他而言,知识不仅存在于书本中,也存在于地图、地球仪、绘画、科学仪器,及成千上万件由他的船队不远万里带回来的奇珍异宝中。皇家图书馆由分布在两层的五个房间组成。

---

[1] 1494—1547,法国历史上最著名也最受尊敬的国王之一,也是一位具有人文主义思想的国王。1515年至1547年在位,在他统治时期法国的文化繁荣达到了一个新的高度。

[2] 1519—1559,弗朗索瓦一世的次子,1547年至1559年在位。

[3] 哈布斯堡王朝的西班牙国王(1556—1598)和葡萄牙国王(称菲利普一世,1581—1598),他的执政时期是西班牙历史上最强盛的时代。菲利普二世雄心勃勃,试图维持一个天主教大帝国,但最终未能成功。

[4] 西班牙古王国。

[5] 1527—1591,文艺复兴时期西班牙帝国奥斯定会修士,诗人、翻译家。

[6] 约1515—1567,西班牙建筑师。

[7] 1530—1597,文艺复兴时期西班牙帝国建筑师、数学家、几何学家,其作品代表了16世纪西班牙文艺复兴的最高成就,在当时的西班牙乃至欧洲享有盛誉。

[8] 古希腊建筑中最古老、最简朴的式样。

大厅也被称为"印刷室"(Print Room),其装修风格与朴素的建筑风格形成了鲜明的对比。尽管空间很大(约 54 米 ×9 米 ×10 米),但出人意料的是,展品却少得可怜。由胡安·德·埃雷拉设计的书架只够到距离天花板一半的地方,在书架靠下的部分(距离地面大约 80 厘米)有一个带斜面的书桌用来翻阅书籍。大理石地板是三种渐变的灰色,湿壁画主要是由佩莱格里诺·蒂玻里[1]创作的关于何塞·德·西贡萨神父[2]主题的作品。筒形拱顶被分成七个部分,每个部分都阐释了博雅七艺:语法、修辞学、辩证法、算术、音乐、几何和天文学。在大厅两侧的书架上方,壮丽的横饰带(Friezes)上描绘了与天花板上的博雅学艺相对应的奇闻逸事。例如,语法是用巴别塔来表现,象征着帝国内部语言知识的作用就如同查理五世一样重要。大厅两侧的尽头分别有一个半圆形的山花[3]——北边的描绘了哲学(获取知识),南边的描绘了神学(揭示知识)。这是证明这个地方是宗教机构之一部分的唯一直接的证据。

高屋(High Room)位于大厅的正上方,跟大厅大小相同。在过去,它存放着宗教裁判所[4]罚没的禁书。然而如今大部分却空空如也,并且情况可能越来越糟。

与大厅垂直的夏屋(Summer Room)分为两间:较大的一间存放着希腊文和拉丁文手写本,较小的一间则保存着其他语言的手写本,主要是阿拉伯语。虽然过去也曾存放有平面图、地图和计算仪器,但现在只有一个佩有第谷·布拉赫肖像的星球仪,和一个制作于 1660 年、描绘了当时地理大发现的地球仪。在西班牙历史上的不同时期,原来在埃斯科里亚尔修道院的许多收藏被转移到了马德里的博物馆和宫殿。

手写本室(Manuscript Room)于 1862 年由之前的修士衣帽间改造而成,用于存放旧的手写本,装饰有 14 幅 18 世纪博雅七艺主题的寓意画,以及重要人物的肖像。

1671 年,神父阿莱豪的房间失火,最初的装饰毁于一旦。

1875 年,增设了一个研究室供查阅目录和阅读。

尽管图书馆只有 4.5 万件印本书,但其丰富的手写本收藏却达 5,000 册。它们卓越的品质反映出对书籍和写作充满热情的菲利普二世的雄心壮志。他急切地想要为他的政府留下书面的证据,因而下令撰写了众多的报告,以至于他的统治时期被称为"文件统治"。单单在埃斯科里亚尔王宫的一天,他所签署的文件就超过了 400 份。他继承了许多珍贵的手写本,包括为亨利三世[5]所作的镀金福音书,一本可追溯到不久之前的关于儿童洗礼的专著,长期以来被认为是出自圣奥古斯丁之手,还有一本圣若望[6]的福音书。国王是一个真正的爱书人,他收集了一些独特的作品,使其先前主人的名字变得更加出名。在托莱多[7]的宗教裁判所,他获得了著名的《生

---

1　1544—1606,哲罗姆派修士,历史学家、诗人和科学家。
2　1527—1596,意大利风格主义建筑师、雕塑家、壁画家。
3　西方古典建筑中房檐上面的三角形山墙。
4　1478 年由西班牙伊莎贝拉女王要求教宗思道四世准许成立,用以维护天主教的正统性,以残酷手段惩罚异端。

5　1207—1272,英格兰国王,1216 年至 1272 年在位。
6　347—407,东正教君士坦丁堡大主教,重要的基督教早期教父,被许多教会封为圣人。又因拥有过人的讲道天赋而被称为"金口若望"。
7　西班牙中部城市。

命之书》(Libro de la Vida)，这是阿维拉[1]的圣特丽萨手写的自传。他还从他的姨妈，即匈牙利的玛丽[2]那里想方设法得到了圣若望的《启示录》(Apocalypse)。他在他所有的领土上——阿拉贡、卡斯蒂尔、加泰罗尼亚、荷兰和佛兰德斯——搜寻和购买珍稀书籍，并与那些漫天要价的修道院院长和传道者进行了激烈的争吵，因为他们知道国王作为收藏家的喜好。他获得了那不勒斯西班牙国王图书馆的大部分藏书，其中包含了大量的希腊法典和西哥特手稿。虽然国王设立了宗教裁判所查获禁书，但却为其中的一些禁书提供了永久的庇护。在他临终前，他的藏品中包含了2,820份手写本（其中1,870份是阿拉伯文）和1,700册印本书。

哲罗姆派修道会并没有学习的传统。首任图书馆馆长阿里亚斯·蒙塔诺根据他自己的方法摆放了这些书，将那些书按照语言和介质（纸质印刷或手写本）分开，并分为64个类别。贴在每本书书脊上的标签是如此之大，以至于或多或少遮住了邻近的书籍。使用者发现这样的安排让人感到困惑和"可怕"。此外，国王为了使书籍免受阳光的损害，把书脊朝里靠墙进行了重新摆放，并且采用了克里斯托夫·哥伦布之子赫尔南多最初在塞维利亚科隆比纳图书馆（Biblioteca Columbina）发明的做法，将标题写在了镀金的书口上。

在菲利普二世去世后，图书馆陷入了一种被遗忘的境地。哲罗姆派修道会无法在他们的成员中招募一个懂希腊语的图书馆馆长。在1671年的大火中，修士们试图通过把珍贵的书籍扔出窗外来拯救它们。然而不幸的是，设想中那些原本能够幸存下来的书，却被一面从勒班陀[3]带回来的奥斯曼旗帜上的火焰吞噬了，当时这面旗帜已经着火却也被扔出了窗外。菲利普五世是西班牙波旁王朝的开创人，他决定在马德里建立一座国家图书馆，埃斯科里亚尔王宫的图书馆则完全停止了收购。约瑟夫·波拿巴[4]领导下的法军洗劫了修道院；书籍被运往马德里。1885年，当图书馆被奥斯定会修士控制后，图书馆的收藏被重新整理，并进行了认真的编目。

尽管经历了一系列变迁，埃斯科里亚尔王宫和修道院，以及那里的图书馆依然是文艺复兴时期人们所关注的最后的典范之一，是日耳曼神圣罗马帝国文化顶峰最后的见证之一，也是西班牙黄金时代最灿烂的写照之一。

---

1　西班牙中部古城。
2　1505—1558，匈牙利和波西米亚王后，拉约什二亚的妻子，马克西米连一世的孙女。
3　希腊西部港口城市。
4　法兰西第一帝国皇帝拿破仑的长兄。1796年参加意大利战役，后任法兰西第一共和国外交官。1806年被拿破仑立为那不勒斯国王，1808年任西班牙国王，1813年离位。

第190页图：由胡安·卡雷诺·德·米兰达（1614—1685）所绘的未来国王查理二世14岁的画像。它取代了由维拉斯凯兹所绘的菲利普四世的画像，后者被拿破仑军队夺走，现存放在伦敦国家美术馆。
右页图：由博洛尼亚画家佩莱格里诺·蒂玻里（1527—1596）所绘的荷马。

上图：蒂玻里所作的外侧湿壁画描绘了与博雅七艺的寓言有关的历史故事。比如这幅表现的是公元前212年，在夺取锡拉库扎[1]的过程中阿基米德[2]被杀害。

左图：宏伟的大厅。它的装饰由胡安·德·埃雷拉（1530—1597）设计，他是西班牙建筑风格的开创者，这种风格一直延续到20世纪中叶。

---

1 意大利西西里岛东部港口城市。
2 前287—前212年，古希腊数学家、物理学家、发明家、工程师、天文学家，被视为古希腊最杰出的科学家。

本页图：在手稿室的一扇斜面窗洞上，有一幅何塞·德·西贡萨的画像，他是菲利普二世的图书馆馆长，负责大厅肖像的规划；由巴托洛梅奥·卡尔杜齐[1]于1602年所作。

右页图：根据菲利普二世的命令，这些珍贵的作品曾经并且一直都被朝内放置在书架上，以保护书脊不受光线的损害。书的标题写在书口上。

---

1　1560—1608，意大利画家。

# 马夫拉皇家图书馆

THE NATIONAL PALACE LIBRARY IN MAFRA

**建**于18世纪的马夫拉[1]皇家图书馆,历经葡萄牙的变迁兴衰,图书馆与其所在的非比寻常的修道院宫殿的命运可谓休戚与共。事实上,正当图书馆开始兴建的时候,国家在很大程度上已经开始走向衰落,即便布拉干萨王朝[2]的当权者并不愿承认这一点。对若昂五世[3]而言,决定耗费巨资去修建这样一个修道院宫殿群是非常奇怪的,因为在当时,他即将要遵照梅休因条约[4],置国内的企业于不顾,向英国开放贸易,荷兰也正将葡萄牙从亚洲赶出去,而且他还冒着边界爆发战争的危险支持奥地利对抗邻国西班牙。深入研究那些国王、王子和主教的心理动机是非常有趣的,他们在17至18世纪修建了遍布欧洲的数不胜数的大型宫殿、避暑行宫,还有宏伟的狩猎宫。当然,葡萄牙——尤其是它的王室——依然富有,然而即便巴西新发现的金矿将为马夫拉宫的建设提供资金,黄金进口的减缓却大大拖延了这个浩大的工程。事实上,这座宫殿从来就没有真正建成过。当1730年完工时,这座位于里斯本北部31英里(50千米)山区的建筑工地雇佣了52,000名劳力,使其成为一座名副其实的临时城市。当工程结束后,庆祝活动持续了一个星期。超过65,000名宾客出席了庆典,王室的财政因而受到了影响。在决定修建马夫拉宫的同时,若昂五世也开始着手科英布拉[5]大学的重建,并对其图书馆尤为重视——他想要把它打造成欧洲最大的图书馆。

或许他是一个乐观主义者,或许他根本就是一个自大狂,国王决定建造的这两座巨大图书馆,相距大约18.5英里(约30千米),每一座都与维也纳霍夫堡宫[6]的规模差不多。而他的藏书根本无法证明修建图书馆的开支是合理的,而且王国的未来也尤其令人担忧。

还有一种解释是,国王决定建造马夫拉宫是为了履行一个誓言。他曾经许诺,如果他的妻子能够生下王位继承人,他就修建一座修道院。既然她履行了约定,那么他也要兑现承诺。上天感谢他的慷慨,让他有了五个孩子(还不算他拒绝承认的众多私生子)。人们怀疑阿诺比多斯兄弟方济各会[7]传播了这个有教化意味的故事,或许是为了王朝的建筑雄心寻找理由。

1716年,当若昂五世决定在他平时喜欢狩猎的地方为13个修士修建修道院和教堂时,他已承袭王位10年之久。随着时间的推移,这个项目不断扩大,起初只能容纳80个修士,继而增加到300个,到最后可以容纳整个皇室和宫廷。"马夫拉皇家工程"被委托给了德国建筑师约翰·弗雷德里克·路德维格[8](官方文件上写作"路德维希"),但国王似乎对设计方案缺乏自信,又咨询了意大利的尤瓦拉[9]和加利瓦里。最初的文案,显出朴素、棱角分明的古典主义风格,并带有一种巨型化的倾向,对

---

1 葡萄牙里斯本省的一个城市,位于葡萄牙西海岸。
2 1640—1910年统治葡萄牙的王朝,其名称来自葡萄牙东北部的城市布拉干萨。
3 1689—1750,葡萄牙布拉干萨王朝国王,1706年至1750年在位,葡萄牙历史上第一个专制君主,巴洛克风格的开创者。
4 1703年英国和葡萄牙在里斯本签订的条约。该条约为英国商品在葡萄牙的销售打开了市场,因而阻碍了葡萄牙本国工业的发展。
5 葡萄牙北部的重要城镇。
6 始建于13世纪,曾经是哈布斯堡王朝奥匈帝国皇帝的冬宫。
7 方济各会,由意大利阿西西城富家子弟方济各于1209年创立。教义以刻苦自卑、同情弱者为主,提倡过清贫生活,衣麻跣足,托钵行乞,修士间互称"小兄弟"。
8 1673—1752,德国建筑师和金匠。
9 即菲利波·尤瓦拉,1678—1736,巴洛克晚期风格的意大利建筑师和舞台布景设计师。

# 马夫拉皇家图书馆

马夫拉宫而言显然有些过度了。经过了三番五次的修改之后,最终落成的修道院宫殿建筑面积足足有406,015平方英尺(约37,720平方米):880间客房和卧室,300个供修士居住的单人间,4,500扇门窗,154个楼梯,还有29座内部庭院。

位于北翼中央的图书馆比教堂还要大。在(仿照维也纳的皇家图书馆设计的)中央圆顶之下,巨大的大厅有近287英尺(约87.4米)长、31英尺(约9.5米)宽和42.5英尺(约13米)高。光线从南面的凸窗倾泻而入,对面则布满了镜子。巴西金矿的耗尽和1755年里斯本的毁灭性地震让室内装修不得不终止,方济各会只好找来了临时书架聊以自慰,上面摆放着寥寥可数的少量书籍,这些书是若昂五世1750年去世时遗赠给他们的。方济各会不久便被赶走了,取而代之的是奥斯定会,他们决定完成图书馆的装修,并将工程交给了建筑师曼努埃尔·卡埃塔诺·德索萨[1]。德索萨设计了一种张扬的洛可可风装饰,但与当时风靡西班牙、法国、英国皇家宅邸的"希腊"复古风相比俨然已经过时了。

1771年,上下两层都已万事俱备,就等书籍入驻了;上面一层可通过一座安有栏杆的巨大走廊前往。威廉·贝克福德[2],这位极其富有的英国唯美主义者于1781年搬到了靠近辛特拉[3]的地方,他认为图书馆"构思拙劣、粗制滥造,而且不恰当地将一个展厅放入大厅而使周围变得昏暗"。所有的装饰线条原本都应该覆盖着金叶子,假天窗原本也应当摆放有哲学家和著名作家的肖像,但所有这一切都从未实现。

事实上,1792年方济各会回来接管了奥斯定会。遵循着清贫的誓约,他们拒绝给那些木制品刷金漆,而是涂上了白色的石灰水,过了一段时间之后它们呈现出一种优雅、如羊皮纸一样的色泽。直到1797年,书才开始入驻。1809年,马夫拉首位伟大的图书馆馆长布拉泽·若昂·多·圣安娜创建了图书目录,这是一份至今仍未出版的手稿。现如今,这些书被原原本本地放置在18世纪末所在的位置。后来,葡萄牙进入了困难时期,1834年镇压了当时已是国家最大土地所有者的教会。马夫拉被清空并被宣布为国家财产,当时有人希望将它变成一个军营。

若昂五世的梦想所剩无几,只剩下一座空空如也的修道院、一座几乎没人居住的宫殿,和一座几乎没人看书的图书馆。图书馆馆藏有22份外国古籍和40,000册主要来自16、17和18世纪的关于神学、教会法、教会历史、文学、地理、哲学和法学的书籍。

方济各会清贫的誓约创造出一种意料之外的装饰。在已变成羊皮纸色的木制书架上,凸显出烙印在皮质封面上的书名和镀金盾徽,还有为保护珍贵图书而特意将书脊朝内放置而露出来的闪闪发亮的书口。光线是美轮美奂的、不真实的、诗意的,如同这个神奇的国度一样,这里的贵族精英为了那些遥不可及的梦想努力了那么久。日落时分,蝙蝠出现了,它们似乎永远生活在大厅里某个隐蔽的角落。它们成了马夫拉图书馆的保护者。悄无声息地,它们飞翔着,巡查着它们的巴洛克领地,将那些胆敢破坏这些被遗忘的宝藏的小虫子赶尽杀绝。

---

[1] 1738—1802,葡萄牙建筑师,主要设计巴洛克后期风格和洛可可风格建筑。
[2] 1760—1844,英国小说家、享乐主义者、艺术收藏家、评论家、旅行作家、政客。
[3] 葡萄牙西部城镇。

本页图：马夫拉皇家图书馆的设计受到了维也纳帝国图书馆的启发。巨大的大厅长达279英尺（约85米），由两个在正中央的穹顶之下交会的侧厅组成。

右页图：穹顶之下，由5000块大理石组成的地板让人一瞥装饰的奢华，正如它最初设想的那样。

图书馆从未按照当初建筑师们所设想的那种豪华程度来装修。建筑的修建比原计划多花了20年,成为历史的牺牲品。方济各会的修士们忠于他们清贫的誓约,1792年取代奥斯定会回到了马夫拉,对木制品进行了简单的粉刷。第二层展厅有将近985英尺(约300米)长。

# 美国

## 波士顿

## 波士顿图书馆
BOSTON ATHENÆUM

19世纪伊始,波士顿是一个无与伦比的"欧洲"城市,北美的文化之都。17世纪30年代,由约翰·温斯罗普[1]率领下的一帮英国清教徒[2]在这里建立了殖民地,隶属于马萨诸塞海湾公司。这家公司是詹姆斯二世[3]签署法令成立的。后来,一个由政府、商业、宗教相互交织在一起的社会慢慢形成了。教育是这些先驱者最关心的问题之一,他们认为自己远离祖国,还有那里的学校和大学。1637年,他们最初的一项努力是在河对岸的剑桥镇建造一所神学院,也就是后来的哈佛大学。富有的资产阶级不仅以贸易为生,而且也依靠在其土地上工作的黑奴和佃农,所以很快便带上了贵族属性。许多重要的家庭,也就是那些最先来到阿拉贝拉的殖民者后代,在19世纪组建了一个名副其实的排他性社会团体"婆罗门"(Brahmins)。1805年,几个家庭创立了文选社(Anthology Society),并出版了两种期刊。1807年,他们创办了波士顿图书馆,其名称来自希腊智慧女神雅典娜[4]。他们的目标是:建立"一个类似大英帝国的利物浦图书馆和学园那样的地方;结合了公共图书馆的优点,并容纳了所有语言中关于学问和科学的重要作品"。这个雄心勃勃的项目是美国同类中的第一个。

唯一能想到的选址便是灯塔山,这座位于古老的波士顿中心的"圣山"自1807年起便成为图书馆的所在地。确切的地址变来变去——在同一片地区相继选了四个不同的地点——直到1847年,政府决定专门为图书馆建造一栋建筑。建筑设计权被授予了爱德华·克拉克·卡伯特,他出身于波士顿最重要的家庭之一,也是新英格兰上流社会的首选建筑师。他设计了一座宏伟的新古典主义建筑,其中一层带有一座雕塑展厅,二层是一座图书馆,三层是一个画廊。大阅览室(最近刚刚翻新)的装饰采用了当时美国颇为流行的风格。古典、严肃、繁复,图书馆的建设采用了一种略显无聊的准工业生产流程,但总体而言非常优雅。大厅由一个长长的中殿和连着中殿的众多凹室组成,每一间凹室都被一个几乎要伸到地面的巨大飘窗照亮。颇具创意的是人们只有穿过那些突出的凹室的书架才能进入上层大厅。漆成绿色的格子栏杆,连同珍贵的地毯、壁炉和漂亮的红木家具一起,巧妙地营造出一种家居—园艺的风格,这种风格你在欧洲的图书馆中很难找到。阅读环境是理想的,除了观光游览、宴会和招待会,这里总给人平静的感觉。波士顿图书馆使人回想起伦敦的俱乐部。基本上从一开始,它就仅限那些拥有其1049股股份的会员和"年轻"的准会员,以及官方认可的大学生和研究人员才能使用。

图书馆所收藏的50万余部作品主要涉及波士顿和新英格兰的历史、传记、英美文学和艺术。这里是藏有关于美国南部邦联[5]各州文件最多的地方之一,这些都是在南北战争开始后远征南方时搜集的。同样值得骄傲的

---

[1] 1587—1649,英国清教徒律师,成立马萨诸塞湾殖民地的主要人物之一,12次被选为总督,因其呼吁创建"山上的城"(city upon a hill)而著称。

[2] 十六七世纪基督教一教派成员,主张简化宗教仪式,道德标准严格,认为享乐没有必要并且是错误的。

[3] 1633—1701,是最后一位天主教的英国国王,1685—1688年在位。他的臣民不信任他的宗教政策,反对他的专权,在光荣革命中剥夺了他的王位。

[4] 波士顿图书馆的英文Boston Athenaeum中的Athenaeum来自于雅典娜的名字Athena。

[5] 南部联邦是由一些美国反叛奴隶主组成的反叛组织。最初有南卡罗莱纳州、佐治亚州、阿拉巴马州、佛罗里达州、密西西比州、路易斯安那州和德克萨斯州7个州组成。1861年美国内战爆发后,又有弗吉尼亚州、北卡罗来纳州、田纳西州和阿肯色州4个州加入。

## 波士顿图书馆

是，这里还拥有乔治·华盛顿[1]图书馆的全部藏书，这是在亨利·史蒂文斯[2]去世后的一次筹款活动中购得的。亨利·史蒂文斯之前为大英博物馆买下了乔治·华盛顿图书馆。其他馆藏珍品还包括：国王的礼拜堂收藏（King's Chapel Collection），这是一套由英国国王和王后在1698年赠送给殖民地的17世纪宗教书籍；关于新英格兰历史和内战的珍贵的版画和照片，包含了超过300张银版照片和3,000张普通照片；以及一套由探险家和人类学家亨利·罗·斯库尔克拉夫特[3]在19世纪收集的有关印第安人主题的稀有作品。19世纪的绘画和雕塑收藏相当广泛，成为波士顿艺术博物馆的核心，这座博物馆最初是在波士顿图书馆中，后来在1876年搬到了普利广场。一些由马瑟·布朗[4]、约翰·辛格·萨金特[5]和切斯特·哈丁[6]创作的非常漂亮的画像，以及由乌东[7]雕刻的华盛顿、富兰克林[8]和拉法叶[9]的半身像保留了下来。

与世界其他地方的图书馆一样，波士顿图书馆时不时就会因空间问题而不堪重负。1913年至1914年间，整个建筑被彻底翻新，并且新增加了两层。1966年，它被宣布为国家历史名胜[10]。2001年至2002年期间，这座建筑进行了第二次大翻新。这次是由施瓦兹/西尔弗建筑师事务所负责，其目的是尽最大可能为藏书提供空间，设立新的阅览室，为会员提供更舒适的环境，以及安保系统的现代化。特别是对图书馆一层进行了彻底改造，以容纳访客接待区，以及在不打扰到阅览室的情况下举办临时展览。

这个精致的俱乐部，作为展现美国东海岸贵族优越性的场所之一，非常明智地向研究人员和公众（有展览时）开放，从而继续在该地区的精神生活和美国历史保护中扮演重要角色。波士顿图书馆是美国文化慈善事业最悠久、最杰出的典范。

---

1  1732—1799，美国国父。1775年到1783年美国独立战争时期担任大陆军总司令，1789年成为美国第一任总统。

2  1819—1886，美国藏书家。

3  1793—1864，著名人类学家、教育家、地理学家、地质学家和探险家。其一生的主要贡献包括：发现了密西西比河源头，绘制了五大湖地区的第一份大比例尺地图，在《华盛顿条约》的签署上为美国赢得了5.3万平方千米的领土，编纂了第一本印第安人百科，参与创建了密歇根大学，创办了美国第一份教育学杂志以及对苏族人的奥杰布瓦语的研究等。

4  1761—1831，活跃于英格兰的肖像画和历史画画家。

5  1856—1925，因其描绘了爱德华时代的奢华而被视为那个时代肖像画的领军者。

6  1792—1866，美国肖像画家。

7  即让·安东尼·乌东，1741—1828，法国新古典主义雕刻家。

8  即本杰明·富兰克林，1706—1790，美国开国元勋、政治家、物理学家、发明家、出版商、作家、慈善家，英国皇家学会院士，美国首位邮政局长。

9  即吉尔伯特·杜·英提耶·拉法叶侯爵，1757—1834，法国将军、政治家，同时参加过美国革命与法国革命，被誉为"两个世界的英雄"。

10  由美国政府因其历史重要性而予以官方认可的建筑、遗址、建筑群和物体。

本页图：摆放有参考书的老卡片目录室。
右页图：波士顿图书馆为其会员提供了一个可用于聚会、晚宴讨论、官方和私人招待会、签约和正式会议的场所。周三茶会是波士顿社交日历上的每周例行活动。

作为一座私人图书馆,波士顿图书馆是一个仅供会员使用(以相当高的年费)的合作组织。那些拥有许可的高校学生和研究人员可以查阅馆藏。

作为波士顿艺术博物馆的诞生地,波士顿图书馆保留了大量的体现其创始人审美趣味的证据。装饰物品极强的存在感强化了人们参观一个私人住宅的印象。

第 216—217 页图:大阅览室及其凸出的书架,其设计仿照了欧洲主要的图书馆,如三一学院图书馆。

# 国会图书馆

THE LIBRARY OF CONGRESS

# 世界上最美最美的图书馆

"世界上最大、最贵、也最可靠的图书馆"和"美国最美的公共建筑",这是1897年11月1日国会图书馆落成时伴随而来的赞美之词。充满了乐观和自信的美国,在这个可以展现自身新兴大国地位的特殊象征上投入了巨大费用。然而,建设世界上最大的图书馆却是第三任美国总统托马斯·杰斐逊[1]的创想。作为一位拥有极高修养的文化人和美国宪法之父之一,他继承了启蒙运动的哲学;他对于启蒙运动相当熟悉,当时他接替本杰明·富兰克林出任驻法国大使后,在巴黎度过了一段时间。他是一个知识渊博的智者,他认为"没有任何主题是国会议员没有机会涉及的",因此,华盛顿特区需要一座能够覆盖所有知识领域的图书馆。他坚信民主和知识之间存在直接的联系,并将国会图书馆视为他的国家政治进步的重要工具。

坐落在美国国会山上的图书馆是世界上众多"议会图书馆"(parliamentary library)中的一个特例,这些"议会图书馆"后来成为国家图书馆,但国会图书馆并没有被称为国家图书馆,并且直到现在仍然完全依赖于国会。国会图书馆履行了多种职能:作为服务众议院和参议院议员们的图书馆;存放在美国出版的所有形式作品的缴存本;研究中心;被政府机构成员广泛使用的政府图书馆;世界上收藏最为丰富的有关地图和地图集、受版权保护的乐谱和音乐作品、电影和电视节目的图书馆;以及向所有人开放的公共图书馆。图书馆的发展与美国扩张的节奏同步,并且毋庸置疑,它是最受景仰和参观人数最多的名胜古迹之一。1800年,在约翰·亚当斯[2]创立后不久,图书馆便拥有了购自伦敦的740册书和3张地图。曾几何时,杰佛逊总统通过大量的购买扩大了馆藏,不过这些馆藏却在1814年几乎毁于一旦。1814年8月24日,在这个悲哀的日子里,由海军少将乔治·科伯恩爵士[3]率领的英国军队纵火焚烧了国会大厦。昔日的殖民者遭遇了零星的抵抗,存放在国会大厦里的书更加助长了火势。国会后来很快对重要的书进行了重新的收藏,在1815年甚至花费23,940美元从负债累累的杰斐逊总统手中买下了他的个人图书馆——当时全美最大的私人图书馆。

最初的馆藏影射出它在后来的一个世纪里成为国会图书馆的样子,即汇集了所有对美国的立法者有用的著作。它涵盖了法学、经济、地理、历史、文学和艺术著作,而且不仅仅是英语,还包括了法语、拉丁语、希腊语、西班牙语、德语,甚至俄语。

1897年,图书馆拥有840,000册馆藏,这还不包括地图、乐谱、版画和丰富的历史文物收藏。这些馆藏在国会大厦的西楼堆积了很长时间,当1870年存放出版物缴存本的功能被授予国会图书馆之后,混乱的状况就更糟了。1873年,一场新建筑设计竞赛拉开帷幕。1886年,经过了大量的方案评选,所有这些文案都引发了通常都会伴随如此大体量建筑的激烈争议,华盛顿建筑师约翰·L.史密斯迈耶和保罗·J.佩尔兹的设计方案从众多

---

[1] 1743—1826,美国开国元勋,《美国独立宣言》主要起草人,在1801年至1809年间出任美国第三任总统。

[2] 1735—1826,美国政治家,曾参与独立宣言的共同签署,在1797年至1801年间出任美国第二任总统。

[3] 1772—1853,第10代世袭从男爵,英国皇家学会会员,曾获巴斯大十字爵士勋章。

# 国会图书馆

方案中脱颖而出。虽然这座建筑号称是"意大利文艺复兴"风格,但事实上更容易让人联想到宏伟壮丽的学院派风格,它由陆军工程师托马斯·林肯·凯西将军[1]建造,伯纳德·格林作为助手负责工程监理直到1914年工程竣工。最初的建筑师很快便被将军的儿子爱德华·皮尔斯·凯西[2]排挤走,凯西主要负责家具和室内的装修。

在建筑朴实无华却令人印象深刻的外表下,隐藏着金碧辉煌的装饰。在1997年大修中安装的完善的照明系统更是让其富丽堂皇。装饰风格和复杂的透视,特别是在大厅里看到的,毫无疑问受到了查尔斯·卡尼尔巴黎歌剧院[3]和维也纳艺术史博物馆室内台阶的启发。然而,所有这一切全然仰仗于美国的公司、艺术家和工匠们。超过五十位大理石工匠、雕塑家、砖瓦匠、湿壁画画师和普通画师,还有那些精通灰泥和青铜的专家曾为这些华丽的装饰贡献了一份力量。在一个历史建筑快速消失的国家,这座图书馆依然是美国19世纪末所取得的技术成就的非凡见证。基于普遍性知识和可追溯到古埃及的知识的发展历程,用图示或肖像的手法将各大洲历史上著名的作家,连同有德行之人和科学家一起描摹或表现出来,所采用的是当时颇为流行的折中主义风格。这些曾在这里工作的艺术家经常在欧洲学习或深受欧洲艺术家(包括奥林·华纳、赫伯特·亚当斯、查理斯·斯普拉格·皮尔斯、约翰·怀特·亚历山大、伊莱休·维德、埃德温·霍兰·布拉什菲尔德和查理斯·尼豪斯)的影响,虽然他们的名声仍局限在美洲大陆,但毫无疑问他们的创作终将迎来被认可的那一天。

在这样一种被称为美国凯旋(America Triumphans)的风格中,有三个部分被凸显出来:带有精美大理石楼梯的大厅;作为给国会议员预留的宽敞豪华的议员阅览室;圆形的主阅览室,在其高高的天花板灯笼式穹顶(lantern cupola)下,装饰着一幅描绘了文明演进过程中重大时期的壁画。

今天的国会图书馆被分设在三个相邻的不同建筑中:托马斯·杰弗逊大楼,这是一栋可追溯到1897年的历史建筑;亚当斯大楼,其风格受到了来自装饰风艺术的启发,于1938年开放;还有詹姆斯·麦迪逊[4]纪念大楼,1981年里根总统[5]出席了它的落成典礼。许多附属建筑成了这三座巨型建筑的补充,藏品分布在华盛顿特区及其周边地区。正如世界上所有类似的图书馆一样,国会图书馆一直面临着空间不足的问题。迄今为止,这里收藏了460种语言的超过1,700万册图书和近9,500万种地图、手稿、照片、电影、录音和录像带、印刷品、绘画和其他藏品。每天都会有两万份文件和新的缴存本存放进来,一同涌入的还有依照与外国机构签署的一万五千份交换协议而送达的数百件作品。

---

1 1831—1896,19世纪后期著名的军事和土木工程师,曾担任美国陆军工程兵团首席工程师,并督造了华盛顿纪念碑。
2 1864—1940,美国设计师和建筑师。
3 即巴黎歌剧院。
4 1751—1836,美国政治家,开国元勋,在1809年至1813年出任美国第四任总统。因在起草和力荐《美国宪法》和《权利法案》中的关键作用被誉为"宪法之父"。
5 即罗纳德·里根,1911—2004,美国政治家,在1981年至1989年间出任美国第40任总统。

## 世界上最美最美的图书馆

国会图书馆的收藏范围之广是绝无仅有的。由于它没有继承任何的皇室或历史收藏，因而它所拥有的古籍和手稿并不多（与它的收藏总数相比）。尽管如此，这里的一些泥金装饰手稿本，比如《哲学的慰藉》（*De Consolatione Philosophcc*），还有三本古登堡圣经善本（*Gutenberg Bibles*）、科罗勒里地球[1]、10世纪的中国画卷、日本版画，以及世界上最老的印刷品——可追溯到770年的佛经——都具有极佳的博物馆品相。另一方面，19和20世纪期间，世界上所有写下的、思考交流过的或是宇宙中新发现的所有的一切都被科学地保存在这里，并且可以很容易地被获取。世界各地的研究人员使用国会图书馆的目录，或是造访它并查阅其馆藏。其中有一个经典的例子：最近的一项调查显示，国会图书馆所拥有的法国建筑师托尼·加尼耶[2]的作品比法国国家图书馆还要多——这位建筑师很伟大，尽管不太为人所知。国会图书馆在音乐领域（及其他领域）的馆藏是无与伦比的。在这里不仅可以找到格什温[3]的档案，而且还有从他创作伊始直到现在的不计其数的录音。

自从一开始，国会图书馆就时刻瞪大了眼睛注视着周围不断变化的世界，连眨眼的功夫都没有。成立伊始，它就毫不犹豫地拥抱新技术，从开始时的摄影和留声机，一直到后来的计算机。作为承载普遍性知识的工具，它并不仅仅是在口头上忠于这句话，而确实是将其践行于图书馆的发展目标、馆藏政策、管理组织以及对公众的关注。引用托马斯·杰斐逊的话说："开启民智，让身心和思想的专制和压迫如黎明时分的魔鬼一样消失。"

---

1　科罗勒里·温申佐，1650—1718，方济各会修士、宇宙学家、制图师、出版商和百科全书编撰者，尤其擅长地图集和地球仪的制作。

2　1869—1948，著名的建筑师和城市规划师。

3　即乔治·格什温，1898—1937，美国著名作曲家和钢琴家。

---

第218页图：位于第二大道和第三大道上的杰斐逊大厦入口，两扇青铜门上的装饰由李·奥斯卡·劳瑞雕刻而成，表现了书写文字的历史。

右页图：在它的恢弘气势中，大厅的楼梯让人想起了巴黎歌剧院和维也纳历史博物馆。大量的符号、寓言、引语和建筑细节都彰显了美国对普遍性知识所做贡献的荣耀。

1997年，值此图书馆百周年纪念之际，这座建筑得到了彻底复原，内部装饰被保护起来或被重新恢复，营造出一种由国会首创的优雅的俱乐部图书馆氛围。

会员室是为国会议员预留的,通过私人入口进入。在壁炉的上方,黄褐色大理石制成的威尼斯马赛克描绘了《律法书》[1]。

---

[1]　《圣经》的前五卷,即《创世记》《出埃及记》《利未记》《民数记》《申命记》。犹太教传说,这五卷是上帝通过摩西所宣布的"律法",故也被称为Law of Moses。

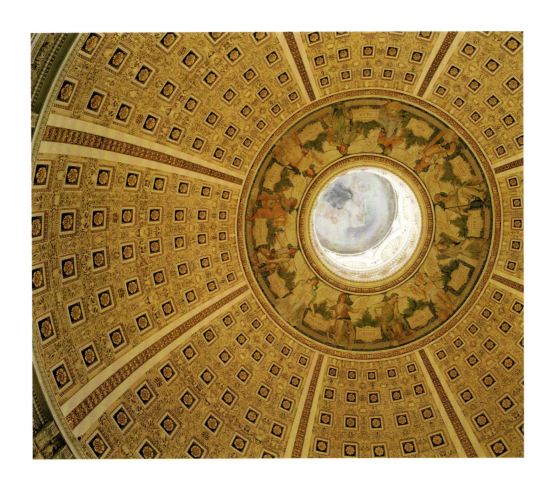

上图:穹顶上装饰着由埃德温·霍兰·布拉什菲尔德[1]所作的湿壁画《人的认知》。它用拟人化的手法描绘了影响西方和美国文明发展的12个国家和主题,包括埃及和科学、伊斯兰和物理学、罗马和政府、德意志和印刷术、法国和解放。

右图:在镀金的穹顶之下,主阅览室保留了当初的舒适家具和精心设计的照明。

---

1　1848—1936,美国画家和壁画家。

# 美国

纽约

## 纽约公共图书馆
THE NEW YORK PUBLIC LIBRARY

# 世界上最美最美的图书馆

"忍耐"和"坚强"是纽约公共图书馆门前欢迎游客的两只粉色石狮子,它们由田纳西大理石制成,是爱德华·克拉克·波特[1]的作品。在最初安装的时候,人们觉得这两只狮子有点过于温和,但如今它们却是纽约人最偏爱的野兽。在图书馆的百年庆典之际,《纽约客》的封面描绘了两只狮子穿着晚礼服,昂首阔步走在红毯上向人群挥手致意的场景。这绝不仅仅是漫画家简单的奇思妙想。这座非凡的图书馆的历史和内涵,以这种亲切的形象,巧妙地传达给了那些傲慢而久负盛誉的欧洲姐妹馆。

事实上,纽约公共图书馆是一个真正民主的知识工具,它反映了美国人抱有一种坚定的信念:教育是攀登社会阶梯的最可靠途径之一。

它错综复杂的历史始于1848年约翰·雅各布·阿斯特[2]的一笔数额相当可观的400,000美元捐赠。阿斯特先生是当时最富有的美国人,他想创办一个向公众开放的参考图书馆[3]。一直以来,纽约的文化机构的发展并没有跟上其经济增长的步伐,这座美国最大的城市在当时甚至没有一个体面的图书馆。阿斯特图书馆很快便在拉斐特街落成,但实际上当时仅供上流阶层使用。1870年,一个富有的商人和房地产开发商——詹姆斯·雷诺克斯[4]决定以他自己的珍稀藏书、手稿和有关美国历史档案的大量收藏创建一座图书馆。然而到了19世纪末,两座图书馆都遭遇了同样的命运:它们因精英主义而名声不佳,而且更为重要的是资金不足。与此同时,许多公共借阅图书馆不断涌现,而且各个大学也都在建设各自享有盛誉的研究中心。纽约,毫无疑问是当时世界上最具影响力的城市,但它还没有意识到应该去资助文化事业,并且依旧缺少一座与其地位相称的图书馆。直到纽约前州长和曾经的总统候选人——塞缪尔·J.蒂尔登(1814—1886)将一大笔财富留给了一个基金会才迎来了转机,这个基金会负责建立一座大型的公共图书馆。经过漫长的讨论和复杂的法律谈判,最终蒂尔登基金会、阿斯特和雷诺克斯图书馆以纽约公共图书馆的名义合并,这是一个由董事会管理的、私营的非营利性组织,董事会逐渐增加了城市代表的席位以换取经营补贴。

董事会找来了一个杰出的图书馆馆长,约翰·肖·比林斯博士[5],他即刻将自己无限的精力投身于馆藏合并、专业人员招聘、目录创建,以及兴建一座经得起质疑的新建筑。

1897年,纽约市提供了一块之前被旧水库占用的土地,但却刚好位于一个繁华的社区,不远处便是未来的宾州车站。作为一个意志坚定和性情直率的人,比林斯想要的是一个实用的工具,注定是为公众所用,但又没有放弃董事会所热衷的某种奢华,因为他们认为这关乎整个城市的声望。在一场建筑师竞赛中,当时还鲜为人知的卡雷尔和黑斯廷斯公司赢得了比赛,这家公司在私人宅邸建设方面尤为擅长。两位建筑师均毕业于法国国立巴黎高等艺术学院,并且曾在当时最负盛名的麦金·米德·怀特公司工作。

纽约最宏伟的标志性建筑之一建成了,耗资九百万

---

1 1857—1923,美国雕刻家,尤其擅长骑士和动物雕塑。
2 1763—1848,德裔美国商人、房地产大亨、投资人,美国第一批百万富翁之一,美国第一个托拉斯的创始人。
3 只能现场翻阅而不能借出的图书馆。
4 1800—1880,美国藏书家、慈善家。

5 1838—1913,美国图书馆馆员、建筑设计师、外科医生,曾担任第一任纽约公共图书馆馆长而广为人知。

美元，比华盛顿特区的国会图书馆还要多出两百万美元。从1902年奠基到1911年5月23日正式落成，建设一共持续了九年时间。1906年建筑封顶，此后的五年主要是进行室内装修。

建筑风格是后来所说的学院派，带有浓郁的古典色彩，仿佛可以听到罗马和文艺复兴的回响，但对功能和舒适性也很关注，可以说完全符合新大陆的习惯。建筑矗立在一个隔绝了第五大道车流的基地上，建筑背面通往一个与第六大道接壤的小公园。在"忍耐"和"坚强"两只石狮的注视下，参观的人们拾级而上，进入宏伟的大理石入口大厅，这里的楼梯通往几间阅览室，其中最著名的是近期刚刚恢复其宏伟原貌的巨大的罗斯阅览室。从下面的车水马龙的大街，到上面装饰有湿壁画的镀金天花板下舒适的橡木椅，读者在繁华的街道与简单纯粹的阅读乐事之间缔造了一种近乎仪式感的距离。在主馆的建设过程中，图书馆也不断扩大，特别是在不同的街区设立了借阅图书馆。1901年，纽约公共图书馆一共运营着39个分馆，这些分馆的建成得益于大资本家和赞助人安德鲁·卡内基[1]的捐赠。这个面向广大公众的开端不仅仅是象征性的；它彰显了让每一个人都能便利地接受文化的决心，特别是那些成千上万涌入美国的移民，他们中的大多数都在纽约上岸。

如今，纽约公共图书馆每年接待读者超过1,000万人次。它拥有将近1,200万件馆藏，并且有85个借阅和研究分馆遍布整个城市的街区。除了已被列为地标纪念物的位于第五大道的主馆，还有其他三个场馆：位于林肯中心的纽约表演艺术公共图书馆；位于哈莱姆[2]马尔科姆第十大道的施姆堡黑人文化研究中心；还有坐落在麦迪逊大道的科学、工业和商业图书馆，此前这里曾经是B.沃特曼百货商场所在地，由格瓦德梅·西格尔建筑师事务所进行了修复。

馆藏种类极其多样，不论是它们的内容来源，还是它们的介质和格式都很丰富。它收藏了第一本被带到美国的《古登堡圣经》，还有20世纪20年代以来的科幻杂志、26种语言的伟大文学作品、维也纳分离派[3]的整页插画合集、乔治·华盛顿的告别演说、可追溯到970年的德国彩饰本福音书、弗拉基米尔·纳博科夫[4]关于灰蝶属的形态学笔记，以及《西区故事》[5]的舞台布景。自20世纪初开始，藏品就以惊人的速度增长，即使到了现在，每年也有超过10,000个新文档被归类。图书馆馆长始终，也将继续以一种开放和自由的方式来接纳这座伟大的民主图书馆的内容。他们的视野摆脱了所有的学术约束和制约，因而带有普遍主义的思想气息。图书馆就在那里保存和传播着作为人文社会见证的无数文档。爱德华·戈里·弗里海法馆长[6]在1957年说："我们服务于那些很可能是未来的天才的奇怪读者，还有那些天才，他们的作品超出了我们的理解范畴。"

纽约公共图书馆毫无疑问是独一无二的，就像它所出生的城市一样。

---

1　1835—1919，苏格兰裔美国企业家、20世纪初世界钢铁大王、慈善家。
2　美国纽约市曼哈顿岛东北部的黑人居住区。
3　也译为新艺术派，19世纪后期至20世纪前期新艺术运动在奥地利的分支。
4　1899—1977，俄裔美国作家，同时也是20世纪杰出的文体家、批评家、翻译家、诗人、鳞翅目昆虫专家。
5　百老汇经典音乐剧。
6　1909—1985，1954年至1971年间担任纽约公共图书馆馆长。

本页图：罗斯阅览室的"还书处"。可以瞥见绘有云彩图案的天花板，为心烦意乱的读者带去一条逃往天堂的路。折中主义装饰借鉴了一系列风格，从新古典主义到巴洛克，甚至再到文艺复兴，比如这扇门的嵌板上的"怪诞"图案。

右页图：通往狄波拉、乔纳森 F. P.[1]、塞缪尔·普利斯特[2] 和亚当·拉斐尔·罗斯[3] 主阅览室的入口之一。

---

1　美国房地产开发商、城市开发商、作家。
2　科罗拉多大学教授。
3　罗斯联合公司联席总裁。

本页图：豪华的装饰甚至在附属房间里也能看到。作为兼具奢华和实用性的美国图书馆的典型代表，纽约公共图书馆"之于纽约就如同教堂之于中世纪的城市"，当时的一位记者如是说。

右页图：作为卡雷尔和黑斯廷斯公司建筑师的杰作，罗斯阅览室占地 14,000 平方英尺（1,300 平方米），有一个高达 52.5 英尺（约 16 米）的天花板，可容纳 700 名读者。

本页图：在麦格劳圆形大厅之下，四幅由爱德华·兰宁[1]创作于1938年至1940年间的湿壁画描绘了文字记录的历史：摩西和石版，中世纪的缮写室，古登堡发明的印刷机，还有如上图所示的梅根塔勒和他发明的排字机。

右页图：期刊阅览室被理查德·J.哈斯[2]所绘的一幅时代大厦的壁画俯瞰着，该大楼在1904年至1913年间曾是《纽约时报》办公室所在地。

---

1　1906—1981，美国画家。
2　1936—　　，美国壁画家，以建筑壁画和运用错视风格而闻名。

# 俄罗斯

圣彼得堡

# 俄罗斯国家图书馆
THE NATIONAL LIBRARY OF RUSSIA

## 世界上最美最美的图书馆

"女皇叶卡捷琳娜二世[1]在1795年决定用一座图书馆存放图书并向公众开放,同年她下令在首都建造这座由叶戈尔·索科洛夫公司的前建筑师设计的极其壮丽的建筑,建设随即展开。"一份关于兴建伟大帝国图书馆的官方声明这样写道,该图书馆于20年之后正式落成。女皇受到了来自法国的教育观念的触动,并且想要组建一个"开明贵族"的知识阶层。长期以来,她一直在酝酿创办一座图书馆,这种机构在当时的俄罗斯还并不存在。她希望这座图书馆与欧洲大多数皇家图书馆不同,是对公众开放的,以"把教育的启示带给她的俄罗斯臣民"。然而,事情进展得并不如她所希望的那么顺利。1796年,保罗一世[2]继承王位,但他对教育并未表现出同样的兴趣,因而这个项目直到1800年才得以恢复,当时亚历山大·斯德洛格诺夫伯爵被任命为帝国图书馆馆长。这位伯爵在法国生活了很长一段时间,是一个极其富有的赞助人和爱书人。他对于"向公众开放"的伟大帝国图书馆该有的样子有非常清晰的愿景。在保罗一世遇刺后,继任者亚历山大一世[3]对于现代理念更加开放,并赠予了斯德洛格诺夫一些重要的收藏,特别是来自彼得·杜布罗夫斯基的藏书——这位前俄罗斯驻巴黎外交官在法国大革命期间买了许多书,它们要么是被没收的,要么是从巴黎的修道院偷来的。但建筑依然没有完工。1808年,斯德洛格诺夫任命了阿列克谢·奥列宁,他因创建了俄语图书的分类而在俄国藏书圈中成为神话般的存在——当然了,对于一座当时的馆藏还主要集中在西欧文化的图书馆而言,这是一项奇怪的创新。此外,当版权局授权他获得所有在帝国出版的作品的样本后,大量涌入的作品充实了这里的馆藏。与此同时,随着法国军队逼近圣彼得堡,所有珍贵的图书都被送到很远的地方,直到1814年1月14日图书馆正式落成时才被重新运回来。

这座竖立在涅瓦大街和萨多瓦娅街交汇处的建筑是一座美丽的新古典主义宫殿,六根柱子支撑了一个四分之一圆周的列柱廊,廊上面饰有雕像。建筑师索科洛夫[4]的设计契合了彼得大帝对圣彼得堡的规划,也体现了叶卡捷琳娜二世和她的继任者们的品味,即用优雅冷酷的风格使其首都与众不同。这是通过立面在水平方向上的重复延伸,以及从古迹中受到启发的装饰元素表现出来的,带有满满的崇高感和对权力的恭敬。室内陈设是同样严肃的新古典主义风格,没有任何过度的奢华。只有三个空间(设计于不同时期)有所不同:一个巨大的圆形大厅,它博采众长而又极度装饰,如今却十分昏暗;受斯拉夫文化影响的用桦木装饰的手稿部(Manuscript Department);还有"浮士德密室"(Faust Cabinet),迷人的新哥特式陈设中藏有大约6,000册古籍。这座图书馆自身的历史是相当复杂的,反映了19世纪即将爆发的俄罗斯社会与其知识阶层间日益紧张的情绪。盛大的落成典礼后,图书馆很快便收获了小小的殊荣。后来,图

---

1 1729—1796,俄罗斯帝国史上在位时间最长(1762年至1796年在位)、最知名的女皇。
2 1754—1801,俄罗斯帝国皇帝,1796年至1801年期间在位。
3 1777—1825,俄罗斯帝国皇帝,1801年至1825年期间在位。由于在拿破仑战争中击败法兰西第一帝国的拿破仑一世,复兴了欧洲各国王室,因此被欧洲各国和俄罗斯人民尊为神圣王、欧洲的救世主。
4 1750—1824,建筑学家、建筑师,古典主义代表人物。

# 俄罗斯国家图书馆

书馆通过兴建一些建筑得到了极大的扩展，其中包括1828—1834年间由卡洛·罗西[1]建造的宫殿，1861年由索博尔什科夫修建的一座超大建筑，该建筑连接着早先的建筑。还有20世纪伊始由霍洛特勒夫添建的建筑。大约在1840年的时候，许多读者开始抱怨混乱的管理。德国作家J. G.科尔于1842年写道："在这里获取一本书……几乎是不可能的，即便你看见它就放在那里。"图书馆的开放时间极其有限，闭馆的日子数不胜数，借阅制度更是严苛至极。在特定的时期，衣衫褴褛的读者是不允许进入图书馆的，藏书只对那些特权阶层开放。直到1849年，莫德斯特·科尔夫（1800—1876）被任命为图书馆馆长，这里才真正向学生和年轻的读者开放，成为一个真正的公共图书馆。

1917年的俄国十月革命显然引发了监管任命的法律和程序变化。图书管理员大多移居国外，取而代之的是无法胜任的工人，虽然收购有所放松，但从政府部门、修道院、教堂和神学院没收的书，还有那些始终不断涌入的马克思主义和共产主义著作，仍使图书馆的收藏不断扩大。20世纪20年代中期，为禁书专门成立了一个部门（1935年至1938年间有49,000册禁书），与此同时，图书馆又被改造成许多一般阅览室和研究室。39个阅览室后来（直至今日）按照学科进行管理：社会经济、文学、艺术、自然科学、医学、物理、数学、化学和技术。

在圣彼得堡的俄罗斯国家图书馆（还有一座国家图书馆在莫斯科）的巨大收藏中，藏书超过了3,200万册。18世纪以来的藏书尤为丰富（女沙皇买下了伏尔泰的私人图书馆），此外图书馆中还藏有16世纪用西里尔字母[2]印刷的所有已知图书的三分之二，还有包括著名的奥斯特罗米尔福音书[3]在内的40,000份手写本，以及有关俄国和东正教起源的不计其数的档案。图书馆中"俄罗斯"门类的收藏包括了1917年之前绝大部分在俄国出版的作品。这里有关俄国十月革命和共产主义的收藏——位居全国首位——不仅包括了书籍，而且还有海报、传单、电影和照片。

苏联解体后，教育机构的混乱波及到了15,000座俄罗斯图书馆网络，许多图书馆进行了重组，有些甚至被私有化。在圣彼得堡，1992年之前一直被称为"工人红色政权下的萨尔特科夫-谢德林国立公共图书馆"被更名为俄罗斯国家图书馆，1998年在莫斯科大街上又落成了一座新建筑。但是，行政拨款的大幅减少可以说是馆藏平庸，甚至是过时的原因。尽管如此，图书馆仍在继续发展——这并不全都是因为缴存本——如今它已拥有超过3,200万个分类条目。读者人数也在不断增加，叶卡捷琳娜大帝和她的继任者们无疑已经实现了他们传播知识给大众的目标。他们的图书馆已成为世界上五个最大的图书馆之一。

---

1　1775—1849，出生于意大利的俄国建筑师。

2　斯拉夫语所使用的字母。

3　最早有明确记载的东斯拉夫书籍，成书于1056年，由执事格里高利为其赞助人诺夫哥罗德的奥斯特罗米尔市长所作。

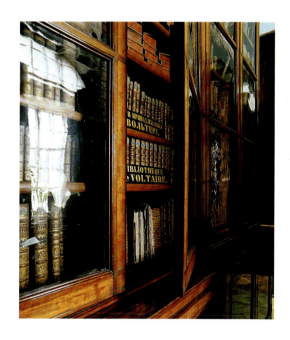

本页图：这些家具，有时堆得满满当当，见证了这座由叶卡捷琳娜二世创立的图书馆的动荡历史。
左页图：新哥特风格浮士德陈列室里图书馆馆长的桌子。

本页图：手稿部展厅；它的木制家具是一种"斯拉夫"的历史主义风格。
右页图：俄罗斯国家图书馆拥有伏尔泰的私人图书馆（6,814 件作品），这是叶卡捷琳娜二世在这位哲学家去世后购买的。

上图：音乐部有超过 30 万份乐谱和 3.2 万张唱片。这里展示的是一幅里姆斯基–柯萨科夫的肖像画[1]和他的一份乐谱，这是 19 世纪晚期俄罗斯音乐"黄金时代"大量文献收藏的一部分。
右图：一幅含有陀思妥耶夫斯基日记（1880 年）一页的拼贴画。

---

1　经查证，此处应该是另一位俄罗斯作曲家莫杰斯特·彼得罗维奇·穆索尔斯基（1839-1881）的肖像。

# 参考书目
## BIBLIOGRAPHY

Basbanes, Nicholas A. *Patience and Fortitude.* New York: HarperCollins, 2001.

Beck, James H. *Italian Renaissance Painting.* Cologne: Könemann, 1999.

Béthouart, Antoine. *Le Prince Eugene de Savoie, Soldat, Diplomate et Mécène.* Paris: Perrin, 1975.

Cole, John Y. *Jefferson's Legacy.* Washington, DC: Library of Congress, 2003.

Dain, Phyllis. *The New York Public Library, a Universe of Knowledge.* New York: The New York Public Library, 2000.

Drexler, Arthur, ed. *The Architecture of the École des beaux-arts.* New York: The Museum of Modern Art, 1977.

Dupront, Alphonse. *Genèses des Temps Modernes: Rome, Les Réformes et Le Nouveau Monde.* "Hautes Études" series. Paris: Gallimard-Le Seuil, 2002.

*Ein, Weltgebaüde der Gedanken* (Collective work on the National Library of Austria). Graz: Akademische Druck- u. Verlaganstalt, 1987.

Fox, Peter, ed. *Treasures of the Library: Trinity College Dublin.* Dublin: Royal Irish Academy, 1986.

Gama, Luis Filipe marques da. *Palácio Nacional de Mafra.* Lisbon-Mafra: Éditions ELO, 1992.

Hobson, Anthony. *Great Libraries.* New York: Putnam Pub Group, 1970.

Kinane, Vincent, and Anne Walsh, eds. *Essays on the History of Trinity College Library.* Dublin: Four Court Press, 2000.

Marès. Antoine. *L'Institut de France, Le Parlement des Savants.* Découvertcs series. Paris: Gallimard, 1995.

Masson, André. *Le Décor des Bibliothèques du Moyen Age à la Révolution.* Geneva and Paris: Librairie Droz, 1972.

McKitterick, David. *The Making of the Wren Library.* Cambridge, England: Cambridge University Press, 1995.

Müntz, Eugène, and Paul Fabre. *La Bibliothèque du Vatican au XV$^e$ Siècle.* Paris: E. Thouin, 1887.

*Tne National Library of Russia 1795—1995.* Collective work. Saint Petersburg, Russia: Liki Rossii, 1995.

Pallier, Denis. *Les Bibliothèques.* 10th edition. "Que sais-je?" series, Paris: PUE, 2002.

*Patrimoine des Bibliothèques de France/Ile-de-France.* Collective work. Paris: Payot, 1995.

Staikos, Konstantinos Sp. *The Great Libraries, from Antiquity to the Renaissance.* London: Oak Knoll Press and The British Library, 2000.

Stummenvoll, Josef. *Geschichte der Österreichischen National Bibliothek.* Vienna: Georg Prachner Verlag, 1968.

Tyack, Geoffrey. *The Bodleian Library.* Oxford: University of Oxford, 2000.

Vergne, Frédéric. *La Bibliothèque du Prince.* Paris: Éditions Editcrra, 1995.

Watkin, David. *English Architecture.* London: Thames and Hudson, 1979.

# 致　谢
ACKNOWLEDGMENTS

感谢每一座图书馆和它们的馆长。当摄影师造访神秘且受保护的知识世界时，偶尔会面临意想不到的限制，他们欣然给予了特别关照。

感谢所有那些在文字的旅程中陪伴我的人，尤其是马克·昆斯托、玛丽－克莱尔和艾米丽·布朗卡特、弗朗辛·沃尔默斯、劳伦斯·沙瓦纳和玛格达莱娜·巴纳克。同时也向这些杂志致以谢意：《费加罗杂志》（*Figaro Magazine*）、《家居廊》（*Elle Decoration*）和《观点》（*Point de vue*），当它们面对意想不到的状况时仍能保持热情。

感谢多年以来一直给予我鼓励与帮助的助手们：埃里克·埃鲁维尔、皮埃尔－洛朗·阿恩、让·特恩布尔和纪尧姆·切尔。

感谢埃尔韦·德·拉·马蒂尼埃专注的团队。

感谢"中心色彩"实验室始终如一的专业品质。

# 译名对照表

## A

Abbeville 阿布维尔
Abbey of Reichenau 赖歇瑙修道院
Abbot Gregoire 格雷瓜尔修道院长
Abbot Leblond 勒布隆修道院长
Abraham 阿伯拉罕
Academie Francaise 法兰西学院
Achim 阿希姆
Adam Raphael Rose 亚当·拉斐尔·罗斯·罗斯
Adam 亚当
Adler 阿德勒
Admont 阿德蒙特
Alaejos 阿莱豪
Albert III 阿尔伯特三世
Albertina 阿尔贝蒂娜
Alessandro Segni 亚历山大·塞尼
Alexander I 亚历山大一世
Alexander Stroganoff 亚历山大·斯德洛格诺夫
Alexander William Crawford Lindsay 亚历山大·威廉·克劳福德·林赛
Alexandria 亚历山大
Alexei Olenin 阿列克谢·奥列宁
Algeria 阿尔及利亚
Alphonse de Gisors 阿方斯·德·吉索尔
Althorp 奥尔索普

Ambrose Ussher 安布罗斯·厄谢尔
Amelie Blanckaert 艾米丽·布朗卡特
Anatole Demidoff 阿纳图瓦·德米多夫
Anatole France 阿纳图瓦·弗朗斯
Andrea Palladio 帕拉迪奥
Andrew Carnegie 安德鲁·卡内基
Angelo Rocca 安吉洛·罗卡
Anglo-Saxon 盎格鲁-撒克逊
Anjou 昂儒
Anna Amalia 安娜·阿玛利亚
Anselm 安瑟伦
Antoine Coysevox 安托万·柯塞沃克
Antoine Desboeuf 安托万·德伯夫
Antoine Moriau 安托万·莫里奥
Apollo 阿波罗
Apostolica 阿波斯托利亚
Arabella 阿拉贝拉
Aragon 阿拉贡
Archimedes 阿基米德
Arias Montano 阿里亚斯·蒙塔诺
Armand Jean du Plessis de Richelieu 阿尔芒·让·迪普莱西·德·黎塞留
Arrabidos 阿诺比多斯
Arsenal 阿森纳
Astor Library 阿斯特图书馆
Athens 雅典
Augustus 奥古斯都

Aurora 欧罗拉
Avignon 阿维尼翁
Ávila 阿维拉

## B

B. Altman Department Store B.沃特曼百货商场
Babylon 巴比伦
Baccio Bandinelli 巴乔·班迪内利
Balcarres 巴尔卡雷斯伯爵
Barberini family 巴贝里尼家族
Bartholomeo Altomonte 巴托洛米欧·阿尔托蒙德
Bartolomeo Carducho 巴托洛梅奥·卡尔杜齐
Bartolomeo Sacchi 巴托洛梅奥·萨基
Basil Champneys 巴兹尔·钱普尼斯
Baudelocque 博德洛克
Bauzonnet 鲍里兹
Bavarian 巴伐利亚
Beacon Hill 灯塔山
Benjamin Franklin 本杰明·富兰克林
Bern 伯尔尼
Bernard Green 伯纳德·格林
Bertel Thorvaldsen 巴特尔·托瓦尔森
Bertrand Russell 伯特兰·罗素
Bessarion 巴萨里翁

# 译名对照表

Bettina von Arnim 贝蒂娜·冯·阿尼姆
Biblioteca Columbina 科隆比纳图书馆
Bibliotheque du Theatre 剧院图书馆
Bohemia 波西米亚
Bolivar 玻利瓦尔
Bologna 博洛尼亚
Bonamy 博纳米
Bonifaz Wimmer 博尼法斯·维默尔
Borghese 鲍格才
Bourbon-Condé Theater 孔代·波旁剧院
Bragança 布拉干萨
Braunschweig-Wolfenbüttel 布伦瑞克-沃尔芬比特尔
Bregenz 布雷根兹
British Museum 大英博物馆
Brittany 布列塔尼
Byron 拜伦

## C

Cabinet des Livres du Prince 德·里拉公爵的密室
Callistus III 卡利克斯特三世
Callus 卡吕
Calvin 加尔文
Cambridge 剑桥
Canterbury 坎特伯雷
Capell 卡佩尔
Capitol Hill 国会山
Cappé 卡佩
Carl August 卡尔·奥古斯特
Carlo Lurago 卡洛·卢拉戈
Carlo Rossi 卡洛·罗西

Carolingian Empire 加洛林帝国
Carrevari 加利瓦里
Cassandra Capponi 卡珊德拉·卡波尼
Castile 卡斯蒂尔
Catalonia 加泰罗尼亚
Catherine II 叶卡捷琳娜二世
Ceasarea 凯撒利亚
Cesare Nebbia 切萨雷·内比亚
Cesare Ripa 切萨雷·里帕
Chalcedon 迦勒斯
Chantilly 尚蒂伊
Chaptal 沙普塔尔
Charlemagne 查理大帝
Charles Bridge 查尔斯桥
Charles de France 法国的查理
Charles de Spoelberch de Lovenjoul 查理·德·斯珀尔伯谢·德·罗凡朱尔
Charles Eamer Kempe 查尔斯·艾玛·肯普
Charles Garnier Opera House 查尔斯卡尼尔巴黎歌剧院
Charles H. Niehaus 查理斯·尼豪斯
Charles IV 查理四世
Charles Martel 查理·马特
Charles Sprague Pearce 查理斯·斯普拉格·皮尔斯
Charles the Bold 勇士查理
Charles V 查理五世
Charles VI 查理六世
Charles I 查理一世
Charles Augustin Sainte-Beuve 查尔斯·奥古斯丁·圣伯夫

Chateaubriand 夏多布里昂
Chelleh 切莱
Chester Harding 切斯特·哈丁
Christ Church College 基督堂学院
Christ 耶稣
Christian Wiedemann 克里斯蒂安·维德曼
Christine of Sweden 瑞典的克里斯汀
Christopher Columbus 克里斯托夫·哥伦布
Christopher Wren 克里斯托弗·雷恩
Cicero 西塞罗
Cigongne 西戈涅
Clemenceau 克列孟梭
Clement VI 克莱蒙特六世
Clinchamp 克兰尚
Cluny 克吕尼
Coelestin Gugger von Stautlach 塞莱斯廷·古格·冯·斯特拉克
Coimbra 科因布拉
Coimbra 科英布拉
Colbert 科尔伯特
College des Quatre-Nations 四国学院
Cologne 科隆
Colossian 歌罗西
Columbanus 高隆邦
Condé 孔代
Confucius 孔子
Conrad Adolph von Albrecht 康拉德·阿道夫·冯·阿尔布雷特
Constantin Hauer 康斯坦丁·豪尔
Constantinople 君士坦丁堡

Copley Square 普利广场

Coysevox 柯塞沃克

Cumbria 坎布里亚郡

Czernin Palace 切宁宫

**D**

D'Aumale 德·奥马勒

Da Bagno 达·巴尼奥

Dachau 达豪

Daniel Gran 丹尼尔·格兰

Dante 但丁

Danube 多瑙河

DariusIII 大流士三世

Deane 迪恩

Deborah 狄波拉

Diodorus 狄奥多罗斯

Diogenes 第欧根尼

Doksany 多克塞尼

Domenico Fontana 多梅尼克·丰塔纳

Domenico Ghirlandaio 多米尼哥·吉兰达约

Dominikus Hermenegild Herberger 多米尼库斯·赫梅内吉尔德·赫伯格

Dostoyevsky 陀思妥耶夫斯基

Dr. Green 格林博士

Dracula 德古拉

Dublin 都柏林

Duc d'Aumale 德·奥马勒公爵

Duc de Berry 贝里公爵

Dukes of Urbino 乌尔比诺公爵

Duplessis 杜普莱西斯

Duprat-Taxis 迪普特－塔克西斯

Dupuy 迪皮伊

Duru 迪吕

**E**

E. S. Vorotilov 霍洛特勒夫

Edvard Benes 爱德华·贝奈斯

Edward Clark Potter 爱德华·克拉克·波特

Edward Clarke Cabot 爱德华·克拉克·卡伯特

Edward Geier Freehafer 爱德华·戈里·弗里海法

Edward Lanning 爱德华·兰宁

Edward Pearce Casey 爱德华·皮尔斯·凯西

Edwin Holland Bashfield 埃德温·霍兰·巴什菲尔德

Edwin Howland Blashfield 埃德温·霍兰·布拉什菲尔德

El Real Monasterio de San Lorenzo del Escorial 埃尔·雷亚尔·莫纳斯特里奥·圣洛伦索·德尔·埃斯科里亚尔修道院

Elector Maximilian 选帝侯马克西米兰

el-Faiyûm 法尤姆

Eli 伊莱

Elihu Vedder 伊莱休·维德

Emperor Rudolph II 鲁道夫二世

Emperor Theodose 狄奥多西大帝

Engelbert 恩格尔贝特

Enriqueta Augustina Tennant 恩里克塔·奥古斯蒂娜·田纳特

Enriqueta Rylands 恩里克塔·瑞兰德

Ephesus 以弗所

Éric d'Herouville 埃里克·埃鲁维尔

Ernst August II 恩斯特·奥古斯特二世

Etienne Chevalier 艾蒂安·舍瓦利耶

Eugène Delacroix 欧仁·德拉克洛瓦

Eugene 尤金

Eve 夏娃

Exeter 埃克赛特

**F**

Fabre d'Eglantine 法布尔·德埃格朗蒂纳

Felix Duban 菲利克斯·迪邦

Ferdinand I 斐迪南一世

Fifth Avenue 第五大道

Flanders 佛兰德斯

Florentine families 弗罗伦萨家族

Francesco Caratti 弗朗西斯科·加拉迪

Francesco Riccardi 弗朗西斯科·里卡迪

Francesco 弗朗西斯科

Francine Vormese 弗朗辛·沃尔默斯

Francis Bacon 弗朗西斯·培根

Francisco Petrach 弗朗西斯科·彼特拉克

François Clouet 弗朗索瓦·克卢埃

Francois I 弗朗索瓦一世

Francois Joseph 弗朗索瓦·约瑟夫

Frantisek Kanka 弗兰蒂泽克·坎卡

Franz Josef Ignace Holzinger 弗朗茨·约瑟夫·伊格纳茨·霍尔兹因格尔

Franz Martin Kuen 弗朗茨·马丁·库恩

Frederick II 弗雷德里克二世

Frederick III 弗雷德里克三世

## 译名对照表

Fugger 富格尔

**G**

Gabriel Naudé 加百利·诺代
Gabriello 法罗皮欧
Gaius Plinius Secundus 盖乌斯·普林尼·塞孔杜斯
Galileo 伽利略
Gallo 加洛
Gallon 加隆
Gallunus 加吕那斯
Gamelbert von Michaelsbuch 加莫尔伯特·冯·迈克斯巴赫
Gaspard Michel 加斯帕尔·米歇尔
Geneva 日内瓦
Genoa 热那亚
George Cockburn 乔治·科伯恩
George Gershwin 乔治·格什温
George III 乔治三世
George John 乔治·约翰
George Sand 乔治·桑
George Washington 乔治·华盛顿
Georges Lubin 乔治·鲁宾
Gian Battista Cipriani 吉安·巴蒂斯塔·西普利亚尼
Giles Gilbert Scott 贾莱斯·吉尔伯特·斯科特
Giovanni Battista Foggini 乔瓦尼·巴蒂斯塔·福格尼
Giovanni Battista Piazzetta 皮亚泽塔
Giovanni Battista Tiepolo 提埃坡罗
Giovanni Boccaccio 乔瓦尼·薄伽丘
Giovanni de Medici 乔瓦尼·德·美第奇
Giovanni Guerra 乔瓦尼·圭拉
Giraldus Cambrensis 吉拉德·坎伯兰斯
Giulio Romano 朱利奥·罗马诺
Giuseppe 朱塞佩
Gluck 格鲁克
Goethe 歌德
Grand Condé 大孔代
Graz 格拉茨
Gregory I 格里高利一世
Guillaume Czerw 纪尧姆·切尔
Guillaume de Laubier 纪尧姆·德·洛比耶
Gutenberg 古腾堡

**H**

Haigh Hall 海格庄园
Harlem 哈莱姆
Havana 哈瓦那
Haydn 海顿
Heidelberg 海德堡
Henri de Mesmes 亨利·德·梅姆
Henri Eugène Philippe Louis d'Orléans 亨利·欧仁·菲利普·路易·德奥尔良
Henri II 亨利二世
Henri Lepaute 亨利·勒波特
Henri-François Riesener 亨利-弗朗索瓦·雷斯纳
Henry IV 亨利四世
Henry III 亨利三世
Henry Rowe Schoolcraft 亨利·罗·斯库尔克拉夫特
Henry Stevens 亨利·史蒂文斯
Henry V 亨利五世
Henry VIII 亨利八世
Herbert Adams 赫伯特·亚当斯
Herculaneum 赫库兰尼姆
Hercules 赫尔克里士
Hercules Musarum 赫尔克里士·缪斯
Hernando 赫尔南多
Hertford 赫特福德
Hervé de La Martinière 埃尔韦·德·拉·马蒂尼埃
Hofbibliothek 霍夫堡宫/皇家图书馆
Hofburg 霍夫堡宫
Homer 荷马
Honoré Daumet 奥诺雷·多梅
Honoré de Balzac 奥诺雷·德·巴尔扎克
Horace 贺拉斯
Hôtel de Clèves 德克里夫斯酒店
Hotel Rubæuf 鲁贝夫酒店
Hradcany 城堡区
Hudson 哈德逊
Hugo Blotius 雨果·布洛修斯
Humfrey 汉法利

**I**

Iller 伊勒河
Imperial-Royal Public and University Library 帝国-皇家公共和大学图书馆
Ingres 安格尔
Inigo Jones 伊尼戈·琼斯
Innocenz Anthoni Warathi 英诺森·安东尼·马拉迪

Institut de France 法兰西学会
Iona 爱奥那岛
Isaac Barrow 伊萨克·巴罗
Isaac Newton 艾萨克·牛顿
Isis 伊希斯

J

J. G. Kohl J. G. 科尔
Jacob Jordaens 雅各布·乔登斯
Jacob Sansovino 雅各布·桑索维诺
Jacques Bosser 雅克·博塞
Jacques Charles Brunet 雅克·夏尔·布吕内
Jakob Schöpf 雅各布·绍普夫
James H. Billington 詹姆斯·H. 比林顿
James II 詹姆斯二世
James Lenox 詹姆斯·雷诺克斯
James Ussher 詹姆斯·乌雪
Jan Turnbull 让·特恩布尔
Jean Chalgrin 珍·夏勒格林
Jean Fouquet 让·富凯
Jean-Antoine Houdon 让-安东尼·乌东
Jeanne d'Évreux 让娜·埃夫勒
Joan Blaeu 琼·布劳
Joao do Santa Anna 布拉泽·若昂·多·圣安娜
Johann Bernhard Fischer von Erlach 约翰·伯纳德·费舍尔·冯·埃拉赫
Johann Emmanuel 约翰·伊曼纽尔
Johann Frederick Ludwig 约翰·弗雷德里克·路德维格
Johann Hiebel 约翰·希贝尔

John Adams 约翰·亚当斯
John Cassidy 约翰·卡西迪
John Jacob Astor 约翰·雅各布·阿斯特
John L. Smithmeyer 约翰·L. 史密斯迈耶
John Rylands 约翰·瑞兰德
John Shaw Billings 约翰·肖·比林斯
John Singer Sargent 约翰·辛格·萨金特
John Vanbrugh 约翰·范布勒
John Webb 约翰·韦伯
John White Alexander 约翰·怀特·亚历山大
John Winthrop 约翰·温斯罗普
Jonathan F. P. 乔纳森 F. P.
José de Sigüenza 何塞·德·西贡萨
Josef Hueber 约瑟夫·赫伯
Josef II 约瑟夫二世
Josef Stammel 约瑟夫·斯坦莫尔
Josefplatz 约瑟夫广场
Joseph Bonaparte 约瑟夫·波拿巴
Joseph Wannenmacher 约瑟夫·瓦内马赫尔
Juan Bautista de Toledo 胡安·包蒂斯塔·德·托莱多
Juan Carreno de Miranda 胡安·卡雷诺·德·米兰达
Juan de Herrera 胡安·德·埃雷拉
Jules Cardinal Mazarin 儒勒·马扎林枢机主教
Jules Hardouin-Mansart 儒勒·哈杜安-孟萨尔
Jules Richard 朱斯·理查德
Juvarra 尤瓦拉

K

Kaspar Pflieger 卡什帕·普夫列戈
Kells 凯尔斯
King João 若昂五世
King Louis I 路易维希一世
King's Hall 国王学堂
Kinsky 金斯基
Kirchberg 基希贝格
Klementinum 克莱门特

L

La Signoria 拉西诺拉
Labrouste 拉布鲁斯特
Lacaussade 拉科萨德
Lady Diana 戴安娜王妃
Lafayette 拉法叶
Lake Constance 康斯坦湖
Landshut 兰茨胡特
Latrobe 拉特罗布
Laurence Chavane 劳伦斯·沙瓦纳
Laurentian 劳伦森
Le Corbusier 勒·柯布西耶
Le Vau 路易斯·勒沃
Leconte de Lisle 勒孔特·德·利勒
Lee Oscar Lawrie 李·奥斯卡·劳瑞
Leo X 利奥十世
Leo XIII 利奥十三世
Leon Battista Alberti 莱昂·巴蒂斯塔·阿尔伯蒂
Léon Riesener 莱昂·黎西纳
Léon Vaudoyer 莱昂·沃杜瓦耶
Leonardo da Vinci 列奥纳多·达·芬奇

# 译名对照表

Leopold I 利奥波德一世
Leopold Wilhelm 利奥波德·威廉
Lepanto 勒班陀
Lewis Mumford 路易斯·芒福德
Library of the Commune de Paris 巴黎公社图书馆
Lignac 利尼亚克
Limone 利莫内
Lincoln Center 林肯中心
Lisbon 里斯本
Liszt 李斯特
Littré 利特雷
Liverpool 利物浦
Livry 利夫里
Lobkowitz 洛布科维茨
Lombardy 伦巴第
Longford Hall 朗福德庄园
Lorenzo Mattielli 劳伦佐·马特立
Louis de Bourbon-Condé 孔代亲王路易·德·波旁
Louis Francois Roubilliac 路易斯·弗朗索瓦·鲁比亚克
Louis Le Vau 路易斯·勒沃
Louis XIII 路易十三
Louis XIV 路易十四
Louis XIV 路易十四
Louis XVIII 路易十八
Louis Philippe 路易·菲利普
Louvre 卢浮宫
Luca Giordano 卢卡·乔达诺
Ludovici 路德维希
Ludwig Wittgenstein 路德维希·维特根斯坦
Luis de Leon 路易斯·德·莱昂
Luther 路德
Luxembourg 卢森堡
Luxeuil 吕克瑟伊

## M

Madison Avenue 麦迪逊大道
Madrid 马德里
Mafra 马夫拉
Magdalen College 莫德林学院
Magdalena Banach 玛格达莱娜·巴纳克
Malcolm X Boulevard 马尔科姆第十大道
Manchester University Library 曼彻斯特大学图书馆
Manchester 曼彻斯特
Mansfield College 曼斯菲尔德学院
Manuel Caetano de Sousa 曼努埃尔·卡埃塔诺·德索萨
Marc Kunstle 马克·昆斯托
Marcus Vitruvius Pollio 维特鲁威
Maria of Hungary 匈牙利的玛丽亚
Maria Theresa 玛丽娅·特蕾西娅
Marie de Médicis 玛丽·德·美第奇
Marie of Burgundy 勃艮第的玛丽
Marie Therese 玛丽·特蕾兹
Marie-Caroline de Bourbon-Sicile 西西里的玛丽－卡罗琳·德·波旁
Marie-Claire 玛丽－克莱尔
Marne-la-Vallée 马恩拉瓦莱
Marsilio Ficino 马尔西利奥·费奇诺
Martin Luther 马丁·路德
Mather Brown 马瑟·布朗
Matthaus Offner 马特乌斯·奥夫纳
Maxime Du Camp 马克西姆·迪康
Maximilian I 马克西米连一世
Mazarin 马扎林
McGraw Rotunda 麦格劳圆形大厅
Medici-Riccardi Palace 美第奇－里卡迪宫殿
Meinrad Hamberger 迈因拉德·汉博格
Melanchthon 墨兰顿
Melozzo da Forli 美洛佐·达·弗利
Mergenthaler 梅根塔勒
Mérimée 梅里美
Metten 梅腾
Michael Peter 迈克尔·彼得
Michaeler Platz 米迦勒广场
Michaelhouse 麦可学院
Michelangelo 米开朗基罗
Michelozzo di Bartolomeo Michelozzi 米开罗佐
Minerva 雅典娜
Modeste Korff 莫德斯特·科尔夫
Monge 蒙热
Montaigne 蒙田
Montmorency 蒙莫朗西
Montpensier 蒙庞西耶
Morel 莫雷尔
Morel Vinde 莫雷尔·万迪
Moses 摩西
Mozart 莫扎特
Munich 慕尼黑

# 世界上最美最美的图书馆

**N**

Naples 那不勒斯

Napoleon Bonaparte 拿破仑·波拿巴

Nesles 内勒

Netherlands 尼德兰

Neue Palast 新宫

Nevile's Court 纳维尔庭院

Nevsky Prospekt 涅夫斯基大道

New York Public Library for the Performing Arts 纽约表演艺术公共图书馆

Nicaea 尼西亚

Nicholas Basbanes 尼古拉斯·巴斯贝恩

Nicholas V 尼古拉斯五世

Nicolas Poussin 尼古拉斯·普桑

Nicolaus Pevsner 尼古拉斯·佩夫斯纳

Nicolo Pacassi 尼克洛·帕卡西

Nietzsche 尼采

Nokter Balbulus 诺特克尔·巴布洛斯

**O**

Olin L. Warner 奥林·华纳

Orléans 奥尔良

Othmar 奥特马

Otto 奥托

Ovid 奥维德

Oxford 牛津

**P**

P. de Vaissiere 皮·得·瓦伊斯埃里

Padua 帕多瓦

Palais Mazarin 马扎林宫

Palamedes 帕拉米蒂斯

Palazzo Pitti 碧缇宫

Palladio 帕拉迪奥

Panizzi 帕尼兹

Paris 巴黎

Paul Heyse 保尔·海泽

Paul I 保罗一世

Paul J. Pelz 保罗·J.佩尔兹

Paul V 保罗五世

Pellegrino Tibaldi 佩莱格里诺·蒂玻里

Pennsylvania 宾夕法尼亚

Pepin le Bref 佩平·勒·布拉夫

Peter Brown 彼得·布朗

Peter Paul Rubens 彼得·保罗·鲁本斯

Peter Thumb 彼得·萨姆

Petits-Augustins convent 珀蒂斯－奥古斯坦修道院

Petrarch 彼得拉克

Philip II 菲利普二世

Philip IV 菲利普四世

Philip V 菲利普五世

Piazza San Lorenzo 圣罗伦佐广场

Piccolomini 皮克罗米尼

Pico della Mirandola 皮科·德拉·米兰多拉

Pierre-Jean Mariette 皮埃尔－让·马里耶特

Pierre-Laurent Hahn 皮埃尔－洛朗·阿恩

Piotr Dubrovsky 彼得·杜布罗夫斯基

Pisistratus 皮西斯特拉妥

Pitti Palace 皮蒂宫

Pius II 庇护二世

Pius 派厄斯

Platina 普拉蒂纳

Plutarch 普鲁塔克

Poincaré 普安卡雷

Prague 布拉格

Provence 普罗旺斯

Prunksaal 普罗克萨大厅

Ptolemy Soter 托勒密·索特

Putti 丘比特

Pythagoras 毕达哥拉斯

**Q**

Quai Conti 康迪大街

Queen Christine 克莉丝汀皇后

Queen Elizabeth I 伊丽莎白一世

**R**

Radcliffe Camera 雷德克里夫密室

Radcliffe Library 雷德克里夫图书馆

Ramses II 拉美西斯二世

Ras Shamra 拉斯·沙姆拉

Ratisbonne 拉蒂斯博纳

Religious Tract Society 圣教传单社

René-Charles Guilbert de Pixerécourt 勒内－查理·吉尔贝·德·皮克塞雷古

Renouard 雷努阿

Rhenish Gaul 莱茵河的高卢人

Riccardi Caponi 里卡迪·卡波尼

Riccardi family 里卡迪家族

Riccardo Riccardi 里卡多·里卡迪

Richard J. Haas 理查德·J.哈斯

Richard Parkes Bonington 理查德·帕克斯·博宁顿

Rimsky-Korsakov 里姆斯基－科萨科夫

# 译名对照表

River Cam 康河
Roman Markl 罗曼·马克尔
Roquefau 罗克福
Rose Reading Room 罗斯阅览室
Rotharis 罗瑟里
Rue de Richelieu 黎塞留街

## S

Sachsen-Weimar-Eisenach 萨克森－魏玛－艾森纳赫
Sadovaya Street 萨多瓦娅街
Saint Augustine 圣奥古斯丁
Saint Benedict 圣本笃
Saint Clemens 圣克勉
Saint Colomba 圣科伦巴
Saint Columba 圣高隆
Saint Columbanus 圣高隆邦
Saint Cyril 圣西里尔
Saint Denis 圣德尼
Saint Gall 圣加尔
Saint George Monastery 圣乔治修道院
Saint Jerome 圣哲罗姆
Saint John Chrysostome 圣约翰·金口若望
Saint John 圣约翰
Saint Laurence 圣劳伦斯
Saint Louis 圣路易斯
Saint Luke 圣路加
Saint Mark 圣马可
Saint Mark's Square 圣马可广场
Saint Matthew 圣马修
Saint Paul 圣保罗

Saint Peter 圣彼得
Saint Petersburg 圣彼得堡
Saint Quentin 圣康坦
Saint Theresa 圣特丽萨
Saint-Beuve 圣佩韦
Salomon de Brosse 萨洛蒙·德布罗斯
Saltykov-Shchedrin State Public Library 萨尔特科夫－谢德林国立公共图书馆
Salzburg 萨尔斯堡
Samuel Beckett 塞缪尔·贝克特
Samuel J. Tilden 塞缪尔·J. 蒂尔登
Samuel Priest 塞缪尔·普利斯特
Sankt Michael 圣迈克
Santa Anna 圣安娜
Savoy 萨瓦省
Scheemakers 施马克
Schepenese 施潘塞
Schiller 席勒
Schloss Belvedere 维也纳美景宫
Schomburg Center for Research in Black Culture 施姆堡黑人文化研究中心
Science, Industry and Business Library 科学、工业和商业图书馆
Scottish National Library 苏格兰国家图书馆
Seneca 塞内卡
Seville 塞维利亚
Shakespeare 莎士比亚
Sienna 锡耶纳
Sierra Guadarramas 瓜达拉玛山
Sintra 辛特拉
Sistine Chapel 西斯廷礼拜堂

Sixth Avenue 第六大道
Sixtus IV 西克斯图斯四世
Sixtus V 西克斯图斯五世
Sokolov 索科洛夫
Spencer 斯宾塞
St. John's 圣约翰学院
St. Mary's Church 圣玛丽教堂
Standish 斯坦迪什
Steiermark region 施泰尔马克州
Steinach River 斯泰纳河
Stendhal 司汤达
Stuttgart 斯图加特
Swabia 斯瓦比亚
Synge 辛格
Syracuse 锡拉库扎

## T

Tadao Ando 安藤忠雄
The Hapsburgs 哈布斯堡家族
Thomas Aquinas 托马斯·阿奎那
Thomas Bodley 托马斯·博德利
Thomas Burgh 托马斯·伯格
Thomas Jefferson 托马斯·杰斐逊
Thomas Lincoln Casey 托马斯·林肯·凯西
Thomas Sackville 托马斯·萨克维尔
Toledo 托莱多
Tomás Masaryk 托马斯·马萨里克
Tommaso 托马索
Tony Gamier 托尼·加尼耶
Tower of Babel 巴别塔
Trautsz 特劳茨

世界上最美最美的图书馆

Tuscan 托斯卡纳
Twickenham 特威克南
Tycho Brahe 第谷·布拉赫

U
Ulm 乌尔姆
Ulster 阿尔斯特
UNESCO 联合国教科文组织
University of Prague 布拉格大学
University of Valladolid 巴利亚多利德大学

V
Vaclav Havel 瓦茨拉夫·哈维尔
Van Nost 凡·诺斯特
Vasily Sobolschikov 索博尔什科夫
Velázquez 委拉斯凯兹
Venice 威尼斯
Versailles 凡尔赛

Via Larga 拉尔加大街
Vicenza 维琴察
Victor Hugo 维克多·雨果
Vienna Kunsthistorisches Museum 维也纳艺术史博物馆
Vienna 维也纳
Vincenzio Capponi 文森罗·卡波尼
Vincenzo Coronelli 科罗勒里·温申佐
Virgil 维吉尔
Visigoth 西哥特
Vladimir Nabokov 弗拉基米尔·纳博科夫
Vltava River 伏尔塔瓦河
Voltaire 伏尔泰
Vratislav II 弗拉季斯拉夫二世

W
Wallace 华莱士

Wilhem Mrazek 威廉·穆雷查克
William Beckford 威廉·贝克福德
William Caxton 威廉·卡克斯顿
William Talman 威廉·塔尔曼
Wittelsbach 维特尔斯巴赫
Woodward 伍德沃德
Worcester 伍斯特

Y
Yeats 叶芝
Yegor Sokolov 叶戈尔·索科洛夫

Z
Zentralbibliothek der deutschen Klassik 德国古典主义中央图书馆
Zurich 苏黎世
Zwingli 慈运理